こころの安全・安心をはぐくむ

不登校支援

・子どもの心をいやすポリヴェーガル理論に基づく・

高山恵子・花丘ちぐさ・浅井咲子・濱田純子

学事出版

〈この本の読み方〉

　本書は、どこから読んでも、不登校という状態を示す子どもとその支援について、理解を深めることができます。好きなところから読み始め、繰り返し読むことで、あらゆる角度から、不登校支援について学べる1冊です。

- 1章：不登校という現象の背景にある、子どもの状態を見るために神経心理ピラミッドが役立つことがわかります
- 2章：人間の神経系の変化が、どのような状態となって表れるか、ポリヴェーガル理論で基礎的なことがわかります
- 3章：ポリヴェーガル理論に基づく、子どもの不調の理解と対応がわかります
- 4章：先生や支援者の方が日頃目にする、あらゆるタイプの不登校の子どもの特性と、対応の基礎がわかります
- 5章：不登校対応で、どのような専門家とつながり、その際どのような点を意識すればいいのかがわかります
- 6章：心理士の対応や病院で行われる、ポリヴェーガル理論による不登校支援がどのようなものか、具体例がわかります
- 7章：自身が不登校を経験した心理士のエピソードから、リカバリーについて知ることができます

もくじ

5章　不登校支援フロー ─どのような専門家と連携するか─

第III部　体験談

はじめに ―不登校は「失敗」なのか―

不登校のいま

この本をいま手に取ってくださっている方は、子どものころ、

「学校に行きたくない」

と、心から思ったことがあった方でしょうか？ または、行きたくなかったけど、頑張って行った体験をお持ちの方でしょうか？ 学校に行くのは当たり前で、学校に行かない選択肢は全くなかったという方もいるかもしれません。

しかし、令和3年度「児童生徒の問題行動・不登校等生徒指導上の諸課題に関する調査」によると、小中学校で不登校の子は約24.5万人、高校も合わせると約30万人と、その数は過去最高です。また、90日以上不登校であるにもかかわらず、学校内や、学校外の専門機関等で指導・相談等を受けていない小中学生は4.6万人にのぼり、その後、コロナ禍の影響もあり、不登校は増えつづけています。

こうした状況を受けて、文部科学省は2023年3月31日、「COCOLOプラン：誰一人取り残されない学びの保障に向けた不登校対策」を公

表し、プランを踏まえた速やかな不登校対策の推進を各自治体や教育委員会に求めています。

COCOLO プラン　リーフレット

https://www.mext.go.jp/content/20230418-mxt_jidou

02-000028870-cc.pdf

学校に行くということを、あらためて考えてみる

―ADHD 当事者の経験から―

　では、学校に行くことが絶対的に正しく、不登校は悪いことなのでしょうか？

そもそも、学校の存在意義は何でしょうか？

学校は、何を提供する場所なのでしょうか？

　私は、学校の先生向けの研修を、よくこの質問からスタートします。この答えは、この本を読み進めていただく中で、皆様に見つけ出していただければと思います。

ここで少し、私自身の経験から、一緒に不登校について考えてみたいと思います。私がADHDとLDのある当事者であるとわかったのは、30代でアメリカの大学院に留学中のときのことです。それまで義務教育や大学までは、他の子たちと同じように生活し、ときどき無理をすることもあったので、原因がわからない不調や生きづらさに苦しむこともありました。それでも、不登校にならなかったのは、いくつか重要なポイントがあったからです。

　中学校の時に、一日だけ、どうしても行きたくなかったから、それだけの理由で欠席したことがありました。それで、3年間の皆勤賞を逃しました。「体調が悪い」と欠席の理由を伝えると、当時の担任の先生も親も、それ以上何も聞かず、責めることもありませんでした。その日はのんびり好きなことをして一日を過ごし、翌日からまた元通り学校に行きました。それ以降は、いろいろ嫌なこともありましたが、不登校にはなりませんでした。ある児童精神科医は、「お休みチケット」というものを患者さんに渡して、「これを月に1回は使ってOKです、その時は理由を明確に話せなくても、お休みさせてあげてください」と、保護者にお願いしているというエピソードがあります。あの一日、もし先生や親から「学校に行きなさい」と言われ、無理に登校していたら、その後どうなっていたでしょうか。

　ところが高校に入ると、いよいよ体調が悪くなり、授業には集中できず、課題が終わらない焦りと不安でいっぱいになりました。頑張っ

ているのに思うように力が出ない感覚が続き、あるとき、ついに疲れ果てて何もできなくなり、朝も起床できなくなったため、有名な大病院の小児科に行きました。いろいろな検査をしましたが、結果は「不定愁訴」でした。

　当時は、ADHDをはじめとする発達障害の情報も、薬物療法という選択肢もない時代でした。もちろん、特別支援教育もありません。それでも、私が学校を長いこと休まずにすんだのは、何人かの素敵な先生に出逢って、「ちょっとした支援」や「言葉がけ」をもらえたからです。いいクラスメイトに恵まれたこともラッキーでした。それらがなければ、私も不登校になっていたかもしれません。

　この経験があったので、支援者としての今の自分があります。ただ、もし今の私が当時の自分の相談に乗っていたら、こんなふうにアドバイスしたでしょう。

　「神経心理ピラミッドの一番下の〈覚醒〉、〈神経疲労〉、〈易疲労性〉の課題があり、そのため、2段目以降の〈発動性〉、〈集中力〉、〈実行機能〉に障害が出ています。なので、まずはしっかり睡眠を取るようにしましょう」

　こんなふうに理論に基づいて分析し、適切な対処法を伝えられるのに……と、当時のつらさを思い出すと、悔やまれてなりませんが、今

では同様の悩みを持っている人の代弁者になる仕事ができているので、この体験は無駄ではなかったと思うようにしています。

人間としての共通の基盤を支える

アメリカへの留学で、私はADHDという概念と出会い、自分の今までの生きづらさはこれだと、初めて分かったのです。親子関係が大変だった原因も、これでクリアになりました。最初は晴天の霹靂という感じで、「障害者」であることにショックを受けました。しかし、ADHDについての理解が深まるにつれ、うまくいく条件が限られているだけで、それを理解し、頑張ればいいのだとわかりました。

現在、発達障害は特別支援教育の対象となっています。知識が一般化されたことで、「発達障害を知らなかったことによる無配慮」による当事者の生きづらさは、かつてよりは減ってきているかもしれません。ただ、他にもいろいろな生きづらさを抱えている人たちがいます。それは、発達障害のある人への特別支援教育のように、ちょっとした知識があれば、支援でき、生徒の視点からは不登校にならずにすむこともあるでしょう。

巷にはいろいろな、支援の理論があります。ブームのようなものもあり、話題になるとその理論一色という感じになりがちです。しかし、一つの理論がすべての子どもに当てはまり、うまくいくということはありません。どんなに素晴らしい理論であっても、支援のタイミング

が悪いと、有効に活用できないということもあるでしょう。

　けれども一方では、**私たちはみんな同じ人間で、誰にも共通する「基本」**が存在することも確かです。本書では、不登校支援のための子ども理解の理論として、**神経心理ピラミッド理論とポリヴェーガル理論**を紹介していますが、この二つは、いかに「安心・安全」が重要で、そのための支援が最初に必要であることを示しています。指導や支援を個別最適化をする際に、これらの理論をベースにしていただくと、関係者の間での共通理解や、価値観の調整がうまくいきやすいでしょう。つまり、この二つの理論をベースにして、子どもそれぞれのタイプに合った支援策をプラスするイメージです。

　不登校をはじめとしたあらゆる支援について、教師も、支援者も、保護者も、

「みんなと同じようにさせるということが、一番うまくいかない条件」

であるということに、すでに気が付いているはずです。けれども、「学校なので、同じようにさせなければいけない」と思う気持ちもあり、この葛藤が本人だけでなく、教師や支援者、保護者のストレスを高める原因になっているように思います。

この本では、同じ不登校という現象であっても、子ども個々に違いがあるということを理解しやすくするために、不登校の背景やタイプを12パターンにわけて解説しています。そして、ポリヴェーガル理論の専門家でもある、３人の心理師の先生方に、自らの臨床経験も交えて、うまくいく条件を引き出すヒントをご紹介いただいています。それぞれのタイプごとにコツがあり、それをふまえた支援を行っていただくことで、問題の本質に気がつくことになると思います。

不登校をとおして、学校の存在意義を考える

　本当は学校に行くのはつらいけれど、無理をして登校している不登校予備軍の子も、たくさんいると思います。そのような子は、学校生活では表面的に問題がないように見えます。しかし、学校時代は過剰適応していて、卒業後に大きな問題が出てくることもあります。この「絶妙なバランスでうまくいっている（ように見える）状態」や、「ありのままの自分を押し殺して、親や教師の理想通りにがんばるも、実は疲弊している状態」を見つけ出すことも、大切な不登校の予防的対応で、学校の役割ではないでしょうか。

　子どもたちがつらいのに無理をしてでも学校に行こうとするのは、「不登校は人生の失敗である」という、大人の価値観を内面化しているからかもしれません。私が中学生のとき、一日だけ「行きたくなかったから欠席」しても、それをとがめる大人はおらず、「皆勤賞」

を取れなかったことを、「失敗」だと見なす人もいませんでした。

　少なくとも義務教育の期間の理想は、

安心して失敗できる教室、安心して失敗できる学校

ではないでしょうか。子どもたちに「失敗しないように……」させ
ようとすると、不安が強くなります。

失敗しても大丈夫、そのあと対処できれば OK

というふうに、対処法までも含めて、ベストなプロセスを自分で考
えて実行できる子どもたちが育つ学校になれば、子どもたちには卒業
後に役立つスキルが身についていきます。

　皆さんのクラスの子どもたちは、SOS が出せますか？
　SOS を出したときに助けてくれる人はいますか？

　安心・安全な教室のスタートは、自己開示ができる環境づくり、
SOS を求められる環境づくりです。

　そして、学校は次世代の親を育成する場所でもあります。「完璧に

できない人間はダメ人間」「助けを求めてはいけない」「自分ですべてやるべき」いうような価値観を学校で教えてしまい、そのまま親になると、子育てをしはじめたときに、自分の子どもにも完璧を求め、非常に苦労することになるでしょう。さらに、子どもがもつ能力以上のことをやらせる、教育虐待につながることもあるかもしれません。

　この本の読者の方は、すでに色々な理論やスキルをお持ちの方が多いと思います。大切なのは、それをどう効果的に現場で活用するかということです。

　本書でご紹介している内容もどれをどのタイミングで誰に使うといいのか、見つけるのは、皆さんご自身です。ご自身のセルフケアも忘れずに、よりよい学校を目指して下さい。がんばっているのに結果が出なくて疲弊していく状態になると、自分の存在を否定したり、自責が生まれてしまいます。いろいろと試行錯誤できれば、一つのやりかたにこだわって必要以上に自分に負担をかけることも減ります。なにより子どもの不調の原因を見つけるスキルは、先生方ご自身をはじめとする支援者のセルフケアにも活用できるでしょう。

　巡回支援をしていて常々感じることは、学校の先生方は疲弊している方がとても多いということです。「教師」という仕事への責任感から、頑張りすぎている方もいらっしゃいます。先生のためのセルフケアのポイントにも、この本は役立つと思います。「残業を減らすため

にやりたいこと」というコラム（185頁）もありますので、そこから
読んでいただいてもいいかと思います。

　親子も多様化する中、不登校にはさまざまなきっかけがあり、それ
が複合的に絡み合っています。ですから、もう先生たちも子どもたち
も、無理をして「皆勤賞」をクラス全員の目標とする時代ではないか
もしれません。コロナ禍を経て、いろいろな価値観に変化が起こって
います。卒業後を見据えて学校で何をやるべきか、学校の存在意義は
何か、今それをみんなで考えていく、いいチャンスなのではないで
しょうか。

高山恵子

1章

不登校のベースにある
不調を見立てる

高山恵子

1 データからわかる不登校の実態

　令和３年度「児童生徒の問題行動・不登校等生徒指導上の諸課題に関する調査」によると、小中学校の不登校が約24.5万人、高校をあわせると約30万人と過去最高になりました。1991年の５倍以上という数字です。

小・中学校における理由別長期欠席者数の推移

| | | 理由別長期欠席者数 | | | | | | | | | | | | | | | | | | |
| | | 在籍者数 | 病気 | | | 経済的理由 | | | 不登校 | | | 新型コロナウイルスの感染回避 | | | その他 | | | 計 | | |
		人数(人)	人数(人)	割合(%)	増減率(%)	人数(人)	割合(%)	増減率(%)	人数(人)	割合(%)	増減率(%)	人数(人)	割合(%)	増減率(%)	人数(人)	割合(%)	増減率(%)	人数(人)	割合(%)	増減率(%)
2010年度	平成22年度	10,566,028	36,421	0.34	***	129	0.00	***	119,891	1.13	***	***	***	***	20,929	0.20	***	177,370	1.68	***
2011年度	平成23年度	10,477,066	36,523	0.35	0.3	119	0.00	▲ 2.0	117,458	1.12	▲ 2.0	***	***	***	22,573	0.22	7.9	176,673	1.69	▲ 0.4
2012年度	平成24年度	10,333,629	38,916	0.38	6.6	91	0.00	▲ 23.5	112,689	1.09	▲ 4.1	***	***	***	24,073	0.23	6.6	175,769	1.70	▲ 0.5
2013年度	平成25年度	10,229,375	37,431	0.37	▲ 3.8	85	0.00	▲ 6.6	119,617	1.17	6.1	***	***	***	24,187	0.24	0.5	181,320	1.77	3.2
2014年度	平成26年度	10,120,736	37,851	0.37	1.1	64	0.00	▲ 24.7	122,897	1.21	2.7	***	***	***	24,239	0.24	0.2	185,051	1.83	2.1
2015年度	平成27年度	10,024,943	41,064	0.41	8.5	49	0.00	▲ 23.4	125,991	1.26	2.5	***	***	***	27,794	0.28	14.7	194,898	1.94	5.3
2016年度	平成28年度	9,918,796	42,813	0.43	4.3	29	0.00	▲ 40.8	133,683	1.35	6.1	***	***	***	29,768	0.30	7.1	206,293	2.08	5.8
2017年度	平成29年度	9,820,851	45,362	0.46	6.0	27	0.00	▲ 6.9	144,031	1.47	7.7	***	***	***	27,620	0.28	▲ 7.2	217,040	2.21	5.2
2018年度	平成30年度	9,730,373	49,624	0.51	9.4	24	0.00	▲ 11.1	164,528	1.69	14.2	***	***	***	25,863	0.27	▲ 6.4	240,039	2.47	10.6
2019年度	令和元年度	9,643,935	46,734	0.48	▲ 5.8	30	0.00	25.0	181,272	1.88	10.2	***	***	***	24,789	0.26	▲ 4.2	252,825	2.62	5.3
2020年度	令和2年度	9,578,674	44,427	0.46	▲ 4.9	33	0.00	10.0	196,127	2.05	8.2	20,905	0.22	***	26,255	0.27	5.9	287,747	3.00	13.8
2021年度	令和3年度	9,529,152	56,959	0.60	28.2	37	0.00	▲ 12.4	244,940	2.57	24.9	59,316	0.62	183.7	52,516	0.55	100.0	413,750	4.34	43.8

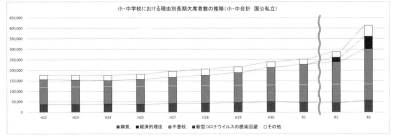

小・中学校における理由別長期欠席者数の推移（小・中合計　国公私立）

　「はじめに」で述べたとおり、90日以上の不登校であるにもかかわらず、サポートを受けていない小中学生は4.6万人にもなります。その中でもまず、「学校に行きたいけど行けない」「勉強したいけどできない」という子どもたちを学校でサポートする必要があります。そのためにも、子どもたちはどういう理由で不登校になるのか、子どもたちの側からのデータをみてみましょう。

【不登校の中学生が学校に行きたくない理由】

朝、起きられない 59.5%

疲れる 58.2%

学校に行こうとすると，体調が悪くなる 52.9%

授業がよくわからない・ついていけない 49.9%

学校は居心地が悪い 46.1%

友達とうまくいかない 46.1%

自分でもよくわからない 44.0%

学校に行く意味がわからない 42.9%

先生とうまくいかない／頼れない 38.0%

小学校の時と比べて，良い成績が取れない 33.9%

（26項目から 選択・複数回答可）（平成30年度）日本財団調査

　この中で注目したいのは、44%いる「自分でもよくわからない」という理由です。本人もよくわからないのですから、先生や保護者がどんなに理由を聞きたいと頑張っても、解決の糸口が見つけにくいはずです。私の今までの相談経験から感じるのは、こういう子たちはおそらく、

小さなストレスがたくさんあるタイプの子

　であると思います。1つひとつは、それほど深刻なものではないかもしれません。けれども、それらが重なると、大きなストレスになっていきます。あるいは、**発達特性**や**トラウマ**など、さまざまな要因によって、ストレス要因の自

覚が難しい子も含まれるでしょう。

　「学校に行く意味がわからない」という子どもたちも42%いますが、私たち大人はこの疑問に答えられるでしょうか？　子どもから

「先生、なんで学校に行かないといけないんですか？」

と訊かれたら、あなたは何と答えますか？

　これは、学校の存在意義について問う質問です。

　不登校問題は、学校の存在意義を考える原点ともいえると思います。それを考えながら、この本を読み進めていただければと思います。

　上に挙げた子どもたちが教えてくれた不登校の理由のなかで、教育でできること、すなわち授業やクラスを改善し、**「居心地のいいクラス」**にすることにより、減少する可能性のある項目はどれでしょうか？　いくつかありますが、まず大切なのは

授業がよくわからない・ついていけない 49.9％

このタイプの子どもたちへの支援です。

　授業というのは、先生方皆さんのお仕事の中心です。実は、そこがうまくいっていないことが、不登校の理由の半分になっているのです。

　すなわち、**授業を何か変えない限り、不登校は増え続ける**ということを意味していませんでしょうか？　授業をいかに今の子どもたちのニーズに合ったものにしていくか、これが学校の存在意義とも関係があるように思います。

さらに、次のようなデータもあります。不登校になった子どもたちは、その後どのような経過をたどるのかについてです。

【不登校の予後（出典：「不登校に関する実態調査」文部科学省、2014年）】

2006年度に不登校だった中3生1,604人のうち高校へ進学した者は85.1％

5年後の調査時点での進学先では大学，短大，高専22.8％，専門学校 など14.9％，高校9.0％

→不登校と学力は相関がない？

注目したいのは、不登校になった子のうち、高校へ進学した子が85％もいるという点です。つまり、学校へ行かなくても学力はついているという事実です。**学力を上げるために全員に同じ授業をすることは、今の時代、学校教育のなかで重要なことなのでしょうか？**

学校には、それよりもっと大事なことがあるのではないでしょうか？

一方、ひきこもりの最初のきっかけの68％が不登校だったというデータもあります（斎藤環『社会的ひきこもり』）。不登校を減らすことが、卒業後のひきこもりを減らすのに重要なのは間違いのないことなのです。したがって、**授業が不登校の理由になっているのなら、やはり一斉授業という、同じ課題、同じ教え方、同じペースでなく、多様な授業の方法を考えなければなりません。**

学習支援は、教育者としての先生方の専門で、もっとも子どもとかかわる場面ですので、ここが不登校改善の1つの鍵となります。たとえば、宿題。達成感が得られるとドーパミンが出るので、宿題で達成感が得られれば、子どもた

ちは宿題をもっとやりたいと思います。でも、難しすぎたり、簡単すぎる宿題だと、ドーパミンは出ないのでやる気スイッチは OFF になります。これが全部の授業で続いたら、子どもは学校に来たいと思うでしょうか？

　出している課題がその子の能力を少しだけ上回る「実力＋１」のものなら、〈適度なストレス〉です。能力を遥かに超えている宿題を与え、SOS を求められず、それがずっと続くなら〈有害なストレス〉です。そのとき、宿題のレベルを下げるなど、その子の〈適度なストレス〉になるように調整できたら、子どもは達成感を得ることができ、成長していくでしょう。それこそ、教えることの醍醐味といえます。

　このところ「ギフテッド」の子が注目されています。見ただけで漢字を覚えられるギフテッドの子に、一字につき10回ずつ書かせる。そんな課題の意味はあるのでしょうか？　反対に10回書いても記憶できない子もいます。効果がないのに、みんなと同じようにしなければならないでしょうか？

　「人はそれぞれ違いがある」という前提がクラスに浸透していれば、個別最適化に基づき違う課題を出しても、他の子が「ずるい！」というようなことにはなりません。個別最適化というのは、実は多様性を許容する人権教育（169頁）が前提になるものなのです。子どもの個性の違いに対して、お互いが理解のあるクラスづくりが不登校を予防します。「他の子と違うことをやっている子がいてもいい」「苦手なことがある子は助ける」、そういうふうに互いに助け合うクラスができたらいいですよね。

2 子どもへの支援の順番を見立てる理論①
マズローの欲求の階層

　子どもたちは学校にいる時間が長いので、学校は安心・安全な居場所でなければなりません。クラスでの安心・安全をキープするためには、「人はみんな違う」ということを、お互いが実感できることが大切です。しかし、個性はそれぞれあるものの、生物としての人間に必要なことは、みんな同じなのです。不登校というと、「生徒（子ども）」と「学校」との関係性のなかで起きている現象のような印象を受けますが、そもそも生物としての活動が可能な状態なのかどうかを確認するところから、支援は始まります。

　ここで、皆様おなじみの「マズローの欲求の階層」の図をご覧ください。人間の欲求は階層になっていて、下から満たしてあげる必要があり、4番目までの欲求は、欠乏していたらすぐにでも満たさなければならないものでした。こ

マズローの欲求の階層

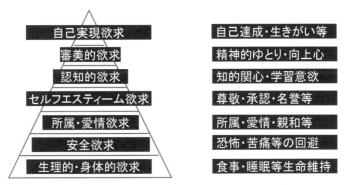

出典：これならできる親支援！保育者のためのペアレント・サポートプログラム
高山恵子　学研

のなかでも、重要な欲求である「生理的・身体的欲求」を満たすための〈睡眠〉と、ポリヴェーガル理論にも関係する〈安全欲求〉に注目してみましょう。

〈睡眠〉：ここで21頁の不登校理由のなかにある、下記の項目に注目してみましょう。

　朝、起きられない 59.5％
　疲れる 58.2％

　つまり、生物としての人間の欲求のうちでも、最も基本である睡眠が満たされていないことが、不登校の大きな理由かも知れません。「疲れる」ことには神経の疲労も含まれ、脳（神経）疲労を取るには睡眠が必須ですので、半数以上の子は睡眠の問題で学校に来れないということがわかります。

　では、睡眠の質の悪化が進むとどうなるのでしょうか。「社会的時差ボケ」という状態があります（甫母瑞枝（2022））。たとえば、ゲームやSNSを夜遅くまでやっていると、だんだん就寝時間が遅れていきます。それでも朝、いつも学校に行く時間に起床していると、睡眠不足になります。そして、睡眠不足を取り戻そうと、休日に寝だめをすることで、週末の起床時間が遅くなってくると、起立性調節障害101頁に似た症状が出てきます。これが社会的時差ボケの状態です。

　平日と休日の睡眠中央時刻の差が１時間を超えると日中の眠気、２時間を超えると抑うつが出るといいます。当然、学習にも影響があり、ついには学校に来れなくなってしまうのです。読者の方は、こういったプロセスをたどる不登

校のタイプの子に、心当たりはありませんか？　もしかすると、一人、二人、子どもの顔が思い浮かぶかもしれません。一見、睡眠だけの問題にみえますが、ここには隠れたネット・ゲーム依存の問題も潜んでいます。

　そこで、まずクラスや学校全体で、**睡眠表やアテネ不眠尺度など**による睡眠の質のチェックなど、実態調査をしてみることをお勧めします。

【アテネ不眠尺度】

問１．寝床についてから実際に眠るまで、どのくらいの時間がかかりましたか？

いつも寝つきはよい……0

いつもより少し時間がかかった……1

いつもよりかなり時間がかかった……2

いつもより非常に時間がかかった、あるいは全く眠れなかった……3

問２．夜間、睡眠の途中で目が覚めましたか？

問題になるほどのことはなかった……0

少し困ることがある……1

かなり困っている……2

深刻な状態、あるいは全く眠れなかった……3

問３．希望する起床時刻より早く目覚めて、それ以降、眠れないことはありましたか？

そのようなことはなかった……0

少し早かった……1

かなり早かった……2

非常に早かった、あるいは全く眠れなかった……3

問４．夜の眠りや昼寝も合わせて、睡眠時間は足りていましたか？

十分である……0

少し足りない……1

かなり足りない……2

全く足りない、あるいは全く眠れなかった……3

問5．全体的な睡眠の質について、どう感じていますか？

満足している……0

少し不満である……1

かなり不満である……2

非常に不満である、あるいは全く眠れなかった……3

> 総得点が
>
> 4点未満：まずまずの睡眠
>
> 4〜5点：不眠症の疑い
>
> 6点以上：不眠症の可能性が
>
> 高く睡眠外来の受診が必要
>
> ☆先生方ご自身も要チェック！

問6．日中の気分は、いかがでしたか？

いつもどおり……0

少し落ち込んだ……1

かなり落ち込んだ……2

非常に落ち込んだ……3

問7．日中の身体的および精神的な活動の状態は、いかがでしたか？

いつもどおり……0

少し低下した……1

かなり低下した……2

非常に低下した……3

問8．日中の眠気はありましたか？

全くなかった……0

少しあった……1

かなりあった……2

激しかった……3

〈安全欲求〉：マズローの下から2段階目は、「安全欲求」です。教育的領域での支援をうまくするために重要なのは、学校で子どもが安心・安全を感じられることです。「安全でない学校なら行かせないほうがいい、行かないほうがいい」ということになりませんか？　まずは、学校が生物としての人間の居場所

として安全であるのが大前提なのです。

　21頁の不登校の理由のなかで、安全欲求にかかわる項目は、

　学校に行こうとすると、体調が悪くなる 52.9%

　学校は居心地が悪い 46.1%

　友達とうまくいかない 46.1%

　先生とうまくいかない／頼れない 38.0%

といったことが考えられます。

　ここで少し、皆さんの子どもとのかかわりを振り返ってみてください。

　皆さんは、子どもが安心・安全を感じられるように、どんなことばや行動を示していますか？

　皆さんは、自分が子どものとき、先生からどんな言葉をかけてもらいましたか？

　どんな言葉で、安心を感じましたか？

　先生方が、子どもに目指してほしい「勉強したい」「アドバイスを受けて成長したい」という欲求は、マズローでいうと実は、下から5番目の「認知的欲求」なのです。したがって、そこに至るまでの「睡眠」「安心安全」、さらに「所属・愛情」「セルフエスティーム」、これらの欲求が満たされていなければ、教育的支援は入りにくいと考えられます。下位の欲求が、適切に満たされていない子に、教育的支援だけをしているのではうまくいかない、うまくいかない

のに続けていけば、先生方もやがて疲弊してしまいます。

　この順番は、先生方ご自身のセルフケアにもあてはまります。「子どものために……」と、睡眠や食事の質を後回しにしてお仕事をしていると、もちろんご自身の体調に悪影響が出ますし、子どものへ質の高い支援がやりたくてもできない状態になりかねません。

3　子どもへの支援の順番を見立てる理論②　神経心理ピラミッド

　先に紹介したマズローの欲求の階層はおなじみですが、認知機能を中心とした階層モデルがあります。「神経心理ピラミッド」というものですが、元々は高次脳機能障害のリハビリテーションモデルです。脳卒中や事故などにより、後天的に脳に損傷を受け、認知機能（脳の働き）にアンバランスさが生じた人の、リハビリのためにつくられたモデルです。このモデルは、脳機能のアンバランスが先天的なものであっても、使うことができます。つまり、発達障害というのは、生まれつきの脳の機能のアンバランスさなので、このモデルで見立てることができるのです。また、認知機能に障害のない人の機能を検討することもできます。

　このモデルが示していることは、下の階層に位置づけられている機能がうまく働いていないと、上のほうの機能はうまく使えないということです。

　急に調子が悪くなる子は、基礎レベルのどこかに不具合が生じています。〈覚醒〉状態が良くない、つまり睡眠の質が良くないと、行動の〈抑制〉がで

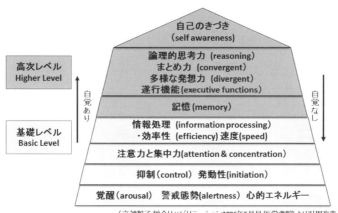

神経心理ピラミッド

	自己のきづき （self awareness）	
高次レベル Higher Level	論理的思考力（reasoning） まとめ力（convergent） 多様な発想力（divergent） 遂行機能（executive functions）	
	記憶（memory）	
基礎レベル Basic Level	情報処理（information processing） ・効率性（efficiency）速度（speed）	
	注意力と集中力（attention & concentration）	
	抑制（control）　発動性（initiation）	
	覚醒（arousal）　警戒態勢（alertness）心的エネルギー	

自覚あり　　　　　　自覚なし

（立神粧子.総合リハビリテーション2006年5月号,医学書院より引用改変

出典：子どものよさを引き出し個性を伸ばす「教室支援」高山恵子　小学館

きなかったり〈発動性〉（「やる気スイッチ」）がうまく働かなかったりします。
　〈警戒態勢〉というのは、不安がある（安全を感じられない）ということを
意味します。〈心的エネルギー〉は、易疲労性と関係があり、不快な感覚をが
まんしたり、苦手なことをやり続けていると疲れてしまい、エネルギー不足と
なります。この３つに問題があると上の認知機能は働きませんので、学習に必
要な高次レベルの機能である〈記憶〉や〈論理的思考力〉は働きません。つま
り、不安のない学校をつくることが、不登校支援ではとても重要なのです。

4 ストレス反応による行動「3F（fight,flight,freeze）」と「3つのストレス」

　後程紹介する「ポリヴェーガル理論」でも触れていますが、人間はストレス

を感じると〈闘争 fight〉〈逃走 flight〉〈凍りつき freeze〉といった反応を示します。人間も動物なので、私たちの行動は、生存欲求を満たす「快」・生存を脅かす「不快」に影響を受けます。「快」を感じる行動はドーパミンが放出されるので、その行動を繰り返します。達成感のある行動は繰り返すということですから、学校で子どもたちに達成感のある活動を提供できているかどうかが、不登校を予防する上でもとても重要なのです。

　達成感を得られる活動は、学習に限らず、なんでもかまいません。部活動でもいいですし、係活動で感謝されることで自己肯定感を高められることもあるでしょう。何か１つでも、「学校に行くと楽しい！」という「快」が得られる出来事があれば、登校する動機づけになるでしょう。

　ところが、人は不快なものに対しては、避ける・攻撃する・固まるといった行動をとります。マズローの欲求の階層、そして神経心理ピラミッドからも、まず安全の欲求を満たすことが、人間としての活動の大前提なのは明らかですから、子どもが学校の中で安全を感じられず恐怖＝不快感を味わっていると、問題行動という形であらわれるようになります。

【ストレス反応のしくみ】

　１．人は快・不快で反応する→快を得られる行動は繰り返す

　２．不快なもの→避ける（flight）・攻撃する（fight）

　　３．安全の欲求→満たされず、恐怖を感じると固まる（freeze）

　　　⇒不快なことを忘れるために過度に快を求めると、依存行動へ

　皆さんは、子どものそうした行動を「わがまま」ととらえるでしょうか？

問題行動を「わがまま」ととらえるのは教育学の観点です。心理学ではこれを、**「ストレス反応による行動」**ととらえます。すなわち、ストレスの原因となっているものを取り除かなければならないと考えるのです。**「わがまま」ととらえて指導するか、「ストレス反応」ととらえて適切に対処するか、この支援の差が大きくその子の人生にかかわるのです。**

　すでに、小学生の時点で、ストレス反応の原因となる**こころの傷**を抱えてしまっていると、回復に時間がかかります。考え方は身体的外傷の回復とまったく同じです。「心的外傷」というくらいですから、外傷を受けている時間が長く、深くなれば、身体の傷と同じように、回復に時間がかかりますし、専門的治療が必要になってきます。もちろん、中学生からでも回復は可能ですが、その子が大人になってからもケアが必要かもしれないと、長丁場になることを覚悟しなければなりません。

　それから、ストレスに対して「攻撃する（fight）」「避ける（flight）」「固まる（freeze）」という反応を行動として見せているならば、まだいいほうだといえます。たとえば、先生が「ちゃんと聞いてる？」と子どもに尋ねたときに、返事がなく固まっているなら、何か不安を感じているのか、あるいは先生の声が大きくて怖いのか、そういう見立てができます。親が小さい頃から大きな声で叱っていると、叱責に対してストレス反応を示すことが習慣になっていることがあります。

　ところが、不快なことが大きく、手っ取り早くそれを忘れるために快を求め続けると、さまざまな依存行動へとつながります。ネット・ゲーム依存、大人になるとアルコールや薬物への依存ということです。もしそうなっていたら、スマホやゲームを取り上げるだけでは、根本的な解決になりません。専門家の

助けを借りる必要がある段階です。

　この見極めが、先生方の残業を減らすことにもつながります。自分で対処が難しいことにかかわりつづけて無理をしても、仕事が増えるだけなのです。専門家との連携は、「自分で対処できなかった」と恥ずべきことではなく、先生方ご自身の身を守るためのものなのです。

　先生方のなかには、「我慢の練習をすること」も、学校の大切な役割だと考える方もいると思います。けれども、ストレスには３種類あって、我慢のなかには有害なストレスになるものもあることをご存じでしょうか？　この知識はぜひ、保健体育の授業で、子どもたち全員に教えてほしいのです。

【３つのストレス】

１．適度なストレス：成長し、挑戦し、高いレベルの活動をするきっかけになる

２．許容可能なストレス：比較的短い期間に生じ、抵抗力をつけることにもなる（大人の協力が不可欠。子どもは対処して回復する時間が必要）

３．有害なストレス：支援のない状況でストレスが長期にわたって頻繁にかかる状況

（子どもの発育に関する全米科学評議会による）

⇒　（教育）虐待・相性の悪さは有害なストレスになりやすい

〈適度なストレス〉は成長に大切なものです。先生方ご自身にとっても必要な

ものですが、教育現場の現状ではかなり〈有害なストレス〉、すなわち支援の
ない状況での長期にわたるストレスに頻繁にさらされているように感じられま
す。

　では、子どもにとって〈有害なストレス〉とは、どんなものがあるでしょう
か。典型的なものは親からの虐待です。親と一緒にいる限りずっと続いていき
ます。また、発達障害があるのに未診断の子に対し、「ふつう」にさせようと
する親のしつけや、先生の指導も、〈有害なストレス〉でしょう。いじめもも
ちろん、これに該当します。

　もっと言えば、日本の学校の価値観と合わない、日本の文化と合わない……
これもずっと継続するもので、とくに〈他の人と違っているとダメ〉と同調し
がちな、日本の文化がもつネガティブな側面は、ある子どもたちにとっては大
変〈有害なストレス〉になります。

　ただ、〈有害なストレス〉は教育相談の力で〈許容可能なストレス〉へと収
めることができるのです。このストレスレベルは、比較的短い時間で抵抗力を
つけることができるもので、ただし大人の協力が必要不可欠です。子どもだけ
では、自分で対処して回復するのにかなりの時間が必要です。そこで、SOS
を出せるように子どもを育ててあげられれば、子どもは大人に助けを求めて、
ストレスを許容可能なものに変える力が身につくのです。つまり、**安心して
「わかりません」と言える子を育てる**のです。「わかりません」が言えるように
なれば、先生方も個別の対応を考えるきっかけになるでしょう。

　しかしながら、学校では「困ったら助けを求めましょう！」といって、SST
のトレーニングをしつつも、それと並行して**「助けてくれる人」**を育成するこ
とが十分とはいえません。

子どもたちのなかには、担任の先生から助けてもらえなかったという経験をしている子も、けっこういます。たとえば、子どもが「わかりません」と言ったときに、皆さんならなんと答えるでしょうか。「聞いてないからわからないんだ」とか、「もう一度自分で考えてみなさい」と言う先生は、意外といませんか。子どもたちは助けを求めているのに……。なぜわからないのかに傾聴する、わかる指示に変える、これこそが教育支援であり、先生方のご専門です。

　授業の場や日常の活動で、わかる指示に変えることは、心理や福祉の専門職にはできないことです。子どもがわかる指示とはどういうものか、これを考えることも「個別最適化」といえないでしょうか。

　〈有害なストレス〉のなかでもとくに考えなければならないのは、「相性の悪さ」です。最も支援が必要なのは、親子の相性が悪い場合でしょう。学校の先生は、異動することがありますし、クラス替えで新しい先生と出会います。日本の文化との相性の悪さは外国に出かけて他の文化を経験してみると、ものの見方が変わることもあるかもしれません。私自身アメリカに３年半いましたが、ここで初めて、とても勉強が好きになりました。

　発達特性による〈有害なストレス〉もあります。たとえば、感覚の過敏さです。聴覚や視覚への刺激、肌ざわり、におい、味など、特定の感覚を嫌がることを「わがまま」と受け取らず、ストレス反応と受け取れるかどうかが、子どもの安全を守るポイントです。たとえば、シャワーを痛がったり、休み時間の音楽、雑談の声が苦手といったことは、よくある例です。

　しかし、あなたが担任の先生だとして、音を嫌がる子に「耳栓をつけてみよう」というアドバイスをしたとしても、「一人だけ特別扱いして耳栓をつけるわけにはいきません」という先生がほとんどで、合理的配慮がうまくいかない

場合もあります。ここで必要なのが、学校全体での人権教育です。周囲の子は
もちろん、特性のある子本人にも、「嫌なものは人によって違うので、それを
避けるのは悪いことではない」と、理解してもらう必要があります。親御さん
たちは「自分がやられて嫌なことは人にもしてはいけない」と教えますが、ま
ずその前に自分の嫌なことと人の嫌なことは違うということを、理解しなけれ
ばなりません。

5 私たちは何を目標にするか

　ここまで、学校環境や睡眠、安全、ストレスなど、不登校の根本原因について
みてきました。それでもなお、学校に頑張って行ってほしいと思う先生方や、
保護者もいらっしゃいます。その大きな理由は、不登校になると学力や社会性
を高める機会が失われてしまうからというものではないでしょうか。

　もし、学校に行かないと社会性を養う機会が失われると考えるならば、一部
の参加できる活動にだけ来てもらうという方法もあるでしょう。部活動に来る
だけでもソーシャルスキルは高まると思います。私がスーパーヴァイズしてい
る私立学校では、部活動だけの登校でも OK になっています。部活動だけでも
学校に来ることができれば、そこから授業につなげるきっかけも見つけられま
す。

　我慢して乗り越えさせるのではなく、できるだけ「快が得られる」「安全な
活動」を増やすこと。工夫は、本当にちょっとしたことでいいと思います。人
間は、ドーパミンが放出される前の行動を繰り返します。学校で、ドーパミン
を出すいいサイクルができれば、不登校は解消されます。そうならないと、別

の方法でドーパミンを出そうとします。ゲームでドーパミンを出そうとすると
ゲーム依存、そして特に女子の場合は摂食障害になることもあります。こう
いった行動はさしあたって簡単に満足感を得られるので、依存になりやすいの
です。これは悲しいことです。

　すなわちこれは、学校は生徒が、達成感が得られるものを十分提供していな
いというメッセージではないでしょうか？

　先生方個人の指導に問題があるということではなく、学校、日本の教育＝同
じ課題を、同じ時間帯に、同じやり方でこなすことを重視する一斉授業の「し
くみ」が、達成感を与えられない状況を作っている原因のケースもあるでしょ
う。

　次の章では、これらを踏まえて、不登校の12のタイプ別に、よりよい対応に
ついて考えていきたいと思います。

参考文献 ────────

・『社会的ひきこもり』改訂版　斎藤環　PHP 研究所　2020年
・これならできる親支援！保育者のためのペアレント・サポートプログラム　高山恵子　学
　　研　2016年
・「社会的時差ボケ」『精神医学：ひきこもりと不登校に関連する睡眠問題』甫母瑞枝　2022年
・子どものよさを引き出し個性を伸ばす『教室支援』高山恵子　小学館　2020年
・「不登校児童生徒の支援に関する一考察：登校維持要因と予防的観点から」登校が維持で
　　きていた要因（中澤幸子、星山知之『山梨障害児教育学研究紀要』2019年　p65）
・『日本の子どもの自尊感情はなぜ低いのか』古荘純一　光文社新書　2009年
・自己理解力をアップ！　自分のよさを引き出す33のワーク：見えない長所やストレスを知
　　ろう　高山恵子　合同出版　2020年

登校が維持できていた要因から不登校の予防支援を考える

　何か学校に行く動機づけがあれば、嫌なことがあったりトラブルがあったとしても、登校を維持する要因として働きます。それは好きな科目の勉強以外にも、相性のいい先生や、部活や友人関係などさまざまです。

　人生は全てが思い通りにいくものではありません。何かがうまくいかなくても、別の何かがうまくいっている。この状態を目指すことも大切な不登校支援になるでしょう。

　登校維持要因の研究は予防的観点からも大変有効なものです。ここでは「不登校児童生徒の支援に関する一考察：登校維持要因と予防的観点から」のデータをみてみましょう。

　学校に関係するリソースのなかで、登校を維持できていたと本人が感じる大きな要因は、友人との関係、先生との関係、学業の理解です。とくに、友人関係は登校維持要因として突出しており、その重要性がわかります。実際に「いじめる子もいたけど、仲良くしてくれる友達がいて、部活でストレス発散をしていて不登校という選択肢はなかった」と言っている人がいます。

　また家庭にかかわるリソースでは、家族関係の安定が最重要であることがわかります。それにはまず親子関係の安定が鍵ですが、とりわけ親のストレスを減らすことが肝心です。しかし、これは教師だけではフォローできない部分なので、ソーシャルワーカーや外部機関と連携しながら家庭を支援しましょう。

　本人にかかわるリソースでは、性格という項目がトップにきています。将来の目

登校が維持できていた要因

大区分	小区分	全対象者 n＝422		不登校 可能性なし n=291		不登校 可能性あり n=131	
学校に係る内容	友人との関係	141	(33.4%)	107	(36.8%)	34	(26.0%)
	学校教員との関係	67	(15.9%)	48	(16.5%)	19	(14.5%)
	学業の理解	21	(5.0%)	18	(6.2%)	3	(2.3%)
	クラブ・部活への適応	18	(4.3%)	14	(4.8%)	4	(3.1%)
	心理的居場所	11	(2.6%)	7	(2.4%)	4	(3.1%)
	保護者との連携	2	(0.5%)	0	(0.0%)	2	(1.5%)
	その他	3	(0.7%)	2	(0.7%)	1	(0.8%)
家庭に係る内容	家族関係の安定	42	(10.0%)	26	(8.9%)	16	(12.2%)
	生活環境の安定	23	(5.5%)	11	(3.8%)	12	(9.2%)
	家族への気遣い	13	(3.1%)	2	(0.7%)	11	(8.4%)
	しつけ・教育方針	9	(2.1%)	8	(2.8%)	1	(0.8%)
本人に係る内容	性格	28	(6.6%)	17	(5.8%)	11	(8.4%)
	規範意識	16	(3.8%)	10	(3.4%)	6	(4.6%)
	趣味等	10	(2.4%)	8	(2.8%)	2	(1.5%)
	将来の目標設定	8	(1.9%)	6	(2.1%)	2	(1.5%)
	その他	10	(2.4%)	7	(2.4%)	3	(2.3%)

「不登校児童生徒の支援に関する一考察：登校維持要因と予防的観点から」
登校が維持できていた要因
（中澤幸子、星山知之『山梨障害児教育学研究紀要』2019、p65）

標設定は、維持要因としての数値は高くありませんが、実はとても重要で、本人の安心・安全がキープされ、自然治癒能力が整ってきたら、次は具体的な目標設定をし、それに対するプランニングなどといったコーチングをしてあげることで、登校のモチベーションになるのです。

　この、登校維持要因と関連するのが、子どもの QOL です。QOL 総得点の下位項目が 6 つあります。ある程度高い得点の項目が複数あるかどうかのチェックは、不登校予防の 1 つのポイントとなるでしょう。

小学生の学年別 QOL 得点と 6 下位領域得点の平均値

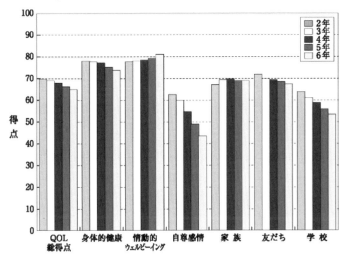

出典：古荘純一『日本の子どもの自尊感情はなぜ低いのか』（2009、光文社新書）

『子どものよさを引き出し、個性を伸ばす「教室支援」：オールカラーで、まんがでわかる！』（高山恵子、2020年、小学館教育技術MOOK）

不登校の対応で重要なのは、早期の見立てです。そのためには、多様な子どもたちの存在をまず知る必要があります。この本では、多様な子どもたちの学校現場でのトラブルの例を4コマ漫画で紹介し、先生たちの困り感とその支援策を具体的に解説しています。また、1章でご紹介した「神経心理ピラミッド」も、項目ごとに詳しく解説しています。元文部科学省調査官の田中裕一先生との特別支援に関する対談も参考になるでしょう。コピーフリーのワークシートもあり、工夫次第でいろいろ活用できます。

『2E　得意なこと苦手なことが極端なきみへ：発達障害・その才能の見つけ方、活かし方』（高山恵子、2021年、合同出版）

2E（発達障害と特異的な才能を併せもつこと）のためにうまくいかず、苦しんでいる背景を子ども本人が理解し、才能を伸ばすための本です。発達障害により隠れている能力を発揮するための、具体的な提案が書かれています。アメリカの6種類のギフテッドのチェックリストや5種類のやる気スイッチの入れ方など、わかりやすく紹介しています。支援者とともに、ワークを活用するとより効果的です。他にも以下のような内容がかかれています。

・規格外だと才能になりやすい
・6種類の脳内物質の特性を4コマ漫画で紹介
・失敗から学ぶために大切なこと
・できないことがあったときの6つの対応方法

（高山恵子）

2章

こころと身体の安心・安全をつくるポリヴェーガル理論とは？

花丘ちぐさ

1 人の生命をつかさどる自律神経系
―リラックスモードの「副交感」とハリキリモードの「交感」―

　この本で、子どもたちを支えるための方法として提案している「**ポリヴェーガル理論**」は、人間の生命活動を維持している、自律神経系のはたらきを説明した理論です。少し難しく感じるかもしれませんが、私たち人間がこうして生活している最中も、自律神経系は無意識のうちに常に働いています。そして、先生たちがふだん目にする、あの子の気になる様子は、実は自律神経系の不調のせいかもしれないのです。まずは気軽に、「あの子はどうしていつも怒っているのか？」「授業中だるそうな子もいるな……」など、身近な子どもの姿を思い浮かべながら、自律神経系のはたらきについて、おおまかなイメージを持ってみて下さい。

　私たち人間の身体には、さまざまな神経系が張り巡らされています。たとえば、氷に触れれば冷たく感じ、ストーブに当たると暖かく感じますね。これは、皮膚が感知した温度の情報を、神経系が脳に伝えてくれているからです。つまり、神経系の大事なはたらきは、**私たちに、私たちの状態を伝えてくれる**というものです。それから、身体の内側の状態を脳に伝える神経系もあります。たとえば、お腹が空いているとか、喉が渇いたといった状態を、信号を出して脳に伝えるものです。

　最も大事なところでは、私たちが意識せずとも、肺に指令を送って「息を吸ったり吐いたりしなさい」と伝えたり、心臓の筋肉に「縮まったり伸びたりして、血液を送り出しなさい」と伝えるはたらきがあります。私たちは、自分

の意思で心臓を動かそうと思ってもできません。このように、私たちが知らないうちに、自分で動いてくれる、「自律して動いている」のが、**自律神経系**です。

　この自律神経系には、2つの神経系があると言われてきました。**交感神経系**、**副交感神経系**という言葉を聞いたことがあるでしょう。交感神経系は、人が素早く活動するためにはたらき、副交感神経系は、消化、休息、回復を担っています。いつも忙しそうに走り回っている人を見て、「ちょっと交感神経バリバリじゃないの？　もう少し副交感神経を優位にして、リラックスしなさい」などと声をかけたりしたことはありませんか？　交感神経系が優位になると、心臓がドキドキして、呼吸が早くなり、口が渇きます。これは、身体が危険を感じたり緊張したりしたため、素早く動く準備をしているのです。一方、副交感神経系は心身をリラックスさせ、「休息」、「成長」、「回復」に関するはたらきを持っています。

2 哺乳類が進化させてきた3つの神経基盤 　―背側・交感・腹側―

　自律神経系といえば、交感神経系と副交感神経系、この2つでできていると、ずっと考えられてきました。しかし、アメリカの行動神経学者のステファン・ポージェス博士は、長年の研究から、副交感神経系の大部分をなす**迷走神経**には**2つの枝**がある、という考え方にたどり着きました。これが「ポリヴェーガル理論（polyvagal：複数の迷走神経）」です。

迷走神経とは、まるで迷走しているかのように身体のあちこちに張り巡らされていることから、その名前がつきました。内臓と脳の情報を交換する役割を果たしています。副交感神経系の役割の大半を担っています。

　ポージェス博士は、副交感神経のなかの迷走神経系には、背側迷走神経系と腹側迷走神経系の２つの神経枝があると発見しました。そのきっかけは、副交感神経系（迷走神経系）の矛盾するはたらきに気がついたことです。博士は、副交感神経系が引き起こす、新生児無呼吸症候群のメカニズムについて、不思議に思いました。副交感神経系は、リラックスさせる「身体にいいもの」と言われているのに、この働きが強すぎると、赤ちゃんに無呼吸が起き、命が奪われることがあります。ポージェス博士は、これを迷走神経の矛盾、つまり「ヴェーガル・パラドクス」と名付けて、研究を続けていきました。

　そして博士は、さまざまな生物のからだの成り立ちを調べる解剖学や進化学の方法などにより、背側迷走神経系は古代の生物から存在し、腹側迷走神経系は哺乳類にだけみられる新しい神経系であると結論づけたのです。この２つの迷走神経系の反応が、動物としての私たちの行動に影響を与えているのです。

　ペットショップに行って、爬虫類を観察してみてください。…じっとしてあまり動きません。爬虫類にとっては、この「不動状態」が基本的な防衛システムなのです。しかしハムスターや家ネズミなどの小さな哺乳類を見てください。彼らはまったく違った行動様式をとっています。小さな哺乳類はつねに動きまわっています。彼らは活動的で、社会的に交流をし、仲間とあそびます。そして動いていないときは自分たちの兄弟と身体をくっつけあっています。（ステ

ファン・W・ポージェス著／花丘ちぐさ訳（2018年）『ポリヴェーガル理論入門』春秋社、40頁）

自律神経系のそれぞれのはたらき

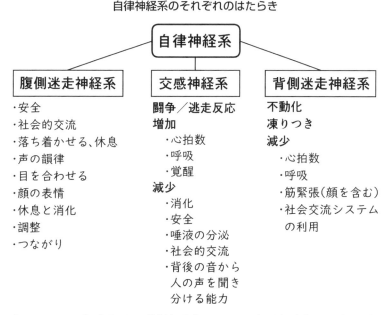

（ケイン、テレール著／花丘ちぐさ・浅井咲子訳『レジリエンスを育む』（岩崎学術出版社）106頁）

　ポージェス博士は、哺乳類には、交感神経系に加えて、副交感神経系の２つの神経枝─背側と腹側─、**３つの神経基盤**があるとしました。それらは、脊椎動物が系統発生的に─過去から現在までの進化の過程で─発達させてきた神経系であると考えました。以下、発生した順番に解説していきます。

①**背側迷走神経系**：最初に発生したのは、背側迷走神経系でした。脊椎動物の
なかでも、約5億年前から存在している顎のない魚「無顎魚類」までさかの
ぼります。この背側迷走神経系は、髄鞘化（注：神経の信号が素早く伝わる
ように、神経の周りに脂肪でできた鞘ができること）されておらず、情報伝
達のスピードが遅いため、ゆっくりと働く神経系です。主に横隔膜より下の
臓器のはたらきをつかさどっています。安全であるときには消化と休息を機
能させ、生命の危機にさらされたときは心拍や呼吸を一気に落として不動化
（**凍りつき反応**）し、シャットダウンを引き起こします。

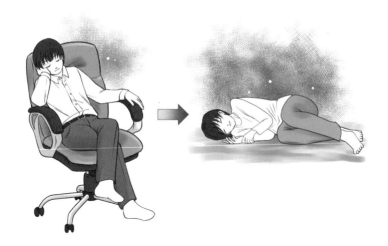

②**交感神経系**：次に発生したのは、交感神経系です。硬い骨を持ち素早く泳ぐ、硬骨魚からみられます。非常に多くの種類の硬骨魚が現れたのは、約4億年前と言われています。この交感神経系は「**闘争／逃走反応**」のための可動化を司っています。つまり、何か危険がせまったら、戦ったり逃げたりするために、身体をすばやく動かそうとするはたらきをもつ神経系です。

③**腹側迷走神経系**：最後に、哺乳類に発生したのが、腹側迷走神経系です。哺乳類は、約2億年前に誕生したと言われています。哺乳類が持つ腹側迷走神経系は、有髄（注：神経の信号が素早く伝わるように、神経線維の周りに脂肪でできた鞘ができている）の機敏な神経系であり、**社会交流システム**を司るとともに、**背側迷走神経系と交感神経系のバランスを取る役割**も果たしているとされています。これは、神経系が進化の過程を経て、複雑化してきたことを表しています。

　これらの神経系は、古い神経系が無くなって新しいものが上書きされたのではなく、古いものの上に次の神経系ができ、最後に三番目の神経系ができた、という積み重ねのプロセスで進化してきています。昔の旅館の建て増しを想像してみてください。最初に1階ができ、その上に2階ができ、最後に3階ができます。3階ができたとしても、もちろん1階と2階が無くなるわけではなく、

古い構造も残し、新しいものが付け加わっています。

　つまり、私たち人間の自律神経系は、脊椎動物の進化の過程や、動物の生き残りの歴史そのものといえるのです。

3 社会交流する神経系 ―腹側―

　哺乳類である私たちに固有な腹側迷走神経系は、社会交流をうながす心身の状態をつくります。この神経系が優位になると、穏やかな状態で、お互いに安全と友好の合図を出し合います。人間である私たちは、笑顔で、優しく韻律に富んだ声で会話をするでしょう。このとき、心拍は落ち着いており、交感神経系の働きを借りなくても、会話や交流に必要な心拍が得られ、背側迷走神経系がその背景で穏やかに作用することにより、消化や吸収、身体の回復が進みます。

　また、愛をはぐくみ、生殖を行うときも腹側が優位になり、相手との距離が近く親密な接触をしていても、交感神経系の闘争／逃走反応を引き起こすことなく、関係性を深めていくことができます。このように、腹側迷走神経複合体の働きは、人間が集団行動をする上で欠かすことができないものなのです。

　腹側迷走神経複合体は、ヒトが子育てをする進化の過程で発達してきました。すなわち、子どもを成長させる仕事をしている大人には、ぜひ知っておいてほしいはたらきなのです。

注）腹側迷走神経複合体：腹側迷走神経系に加え豊かな表情や韻律に豊んだ声を出すための
　　神経系をひとまとまりにしたもの。社会交流を司る。

ヒトは自立するまでに時間がかかる動物ですが、進化しながらどんどん賢くなっていきました。脳が大きくなり知能が高まると、赤ちゃんの頭も大きくなります。ところが、お母さんのお腹の中で赤ちゃんがあまり大きくなりすぎると出産できません。それでヒトは、高い知能と引き換えに、未熟な状態で生まれてくることを選びました。サヴァンナでは、シマウマの子どもは、生まれて数時間のうちに自分で歩くことができるようになります。いっぽうヒトは、歩くようになるまでに１年近くもかかります。ヒトはその能力ゆえに、子育てに手間も時間もかかるのです。

　手間がかかると、母親だけでは育てることが難しいので、集団で子育てをするようになります。しかし、サヴァンナのような生存競争が厳しい環境では、未熟な子どもは常に肉食獣から狙われています。さらにヒトは、ネズミのように短い間で数多くの子どもを産むことができません。そこで、母親が若い間は、複数の子どもを産める安全な環境が必要となります。そのために、ヒト同士の助け合い＝社会交流が活発になったのです。お互いの気持ちを通じ合わせ、安心・安全の合図を出し合って仲良くする。そのために使う、表情や声などをコントロールする神経系が発達したのです。

　ヒトはこのような進化をしてきたので、神経生理学的に見ても、集団で子育てをすることで安全・安心の感覚が高まります。それが、母子の心身の状態にもプラスの影響を及ぼします。余談ですが、昨今、「孤育て」といわれるような孤立した子育て環境は、ヒトの本性に逆行していると言えます。また、赤ちゃんはお母さんにかわいがってもらわなくては、生きていけません。おかあさんも赤ちゃんの気持ちを汲み取ろうとしますが、お母さんがずっとスマホを見ていると、社会交流が難しくなってしまいます。

4 凍りつき反応をする神経系 —背側—

　つぎに、凍りつき反応を起こす、背側迷走神経複合体のはたらきをみましょう。私たちが意識しなくても、心臓が穏やかに動き、胃腸は食べたものを消化します。良い睡眠が取れれば、すっきりと回復して、朝には活動の準備ができています。こうした平常時の休息、消化、回復を促進するのが、背側迷走神経系です。背側迷走神経は、酸素をあまり消費しなくても生きていける古代の動物から発生したと言われる、節約型のシステムです。したがって、背側が優位になると、動きはゆっくりになります。深海魚の動きを思い出してみましょう。深い海のなかでスローモーションのようにゆっくり動く……あれは酸素消費を抑えた動きなのです。私たち哺乳類にもこの神経系は備わっており、生命の危機でこの神経系が強く活性化し、心臓の鼓動や呼吸も遅くします。これが凍りつき反応のメカニズムです。

　ではなぜ、ヒトも含めた哺乳類は、生命の危機になると、かえって凍りついてしまう、不動化を起こすのでしょうか？

　ヒトもかつて、サヴァンナで肉食獣に追いかけられていた頃のこと……万一捕獲されてしまったときに、心臓の鼓動がゆっくりであれば、出血を抑えることができます。さらに、もはやこれまで……というときになってしまったら、背側が優位になれば、意識が遠のき、恐怖や痛みをあまり感じません。食べられてしまっても、あまり苦しまないという神の恵みともいえます。

注）背側迷走神経複合体：2つの神経核からなり、内臓を中心に身体のすこやかさを保つ役割を果たしている。生命の危機では凍りつきをひきおこす。

そして、凍りつくことで、生き延びるチャンスもあります。ぐったりとしていて不動化の状態にあると、肉食獣からは死んでいる生き物に見える可能性があります。その肉は腐っているかもしれません。肉食獣といえども、腐肉を食べると病気になりますから、ぐったりとした肢体は捕食動物の狩猟本能を刺激しません。食べる気を失くさせ、うまくやり過ごすことができれば、逃げ切れるかもしれません。襲われても抵抗せず、出血も最小限に抑え、やり過ごすことができれば、生き残る確率が高くなるのです。こうして、爪も牙も持たないヒトをはじめとする被捕食動物は、生存戦略として凍りつきという方法を編み出し、窮地を脱してきました。

　とはいえ、現代社会を生きる私たちが、ライオンに襲われることはめったにありませんから、人間も背側による凍りつきを起こすことがありますという話をすると、「そんな危ない目に遭ったことがないので、体験したことがありません」という反応をする人もいます。しかし、実際、多くの人は、一瞬でも背側の働きが高まった体験があるはずです。

　たとえば、人前に立ってプレゼンテーションするまえに、緊張のあまり「あがる」ことがあるでしょう。心臓がドキドキする、いざ聴衆の前に立つと、頭の中が真っ白になり、言うべきことがすっかり飛んでしまう……。あるいは、上司にひどく腹を立て、いざ大声で抗議をしようとした途端、めまいが起きてしゃがみこんでしまった……。いずれもまず、交感神経系が優位になっていますが、さらに興奮が加わったため、背側迷走神経複合体が強く働き、心臓に強いブレーキがかかり、脳への血流が滞ったため、こうした反応が起きたと推測できます。脳の言語野への血流が減少すれば思考に混乱が起きるし、脳内の平衡感覚をつかさどる器官への血流が滞ればめまいが起きるでしょう。

〈ストレス下での神経系〉：通常の状態では3番目に発達した、最も新しい腹側迷走神経系が、背側迷走神経系と交感神経系をうまく調整しながら機能しています。しかし、危機に瀕すると、最も新しい腹側迷走神経複合体が働き、次に古い交感神経系がそれにとって代わり、最後に、一番古い背側迷走神経複合体が働くという、進化の逆向きに反応が進みます（「ジャクソンの解体理論」）。

　つまり、ストレス下で、生物としての人間は、神経系のはたらきの順序に基づき、次のような行動をとります。まず、友好の合図を送って話し合うといった社会交流によって問題を解決しようとします。それがうまくいかないと、戦ったり逃げたりという闘争／逃走反応を起こします。それもうまくいかないと、凍りつき反応を起こします。

　じつは、トラウマを被るときも、このような動きをするため、ポリヴェーガル理論によってトラウマのメカニズムが理解できるようになりました。このため、トラウマの臨床でポリヴェーガル理論が大いに歓迎されてきました。

　ポージェス博士は、なにをもって「生命の危機」と感じるかは、各自によって異なるといいます。次の項では、その危機を察知するニューロセプションについて説明します。

注）ジャクソンの解体理論：脳が損傷を受けると、進化の逆向きに新しい回路から古い回路へと切り替わっていくとする説。

5 神経系の安全センサー：ニューロセプションとは？

　神経系のはたらきは、ふだん意識されることはありませんが、常に周囲の様子をサーチし、特に危険の評価をしています。ポージェス博士はこのはたらきを**ニューロセプション**と名付けました。そして、ニューロセプションによって周囲の状況が察知されると、その危険レベルに応じて、生理学的状態が神経系の進化してきた順序に合わせて、生き残りに最適な状態に、自動的に整えられるといいます。

　安全が感じられれば、進化的に最も新しい腹側迷走神経複合体を優位にして、社会交流を通して人とかかわり、協力することで生き残ろうとします。危険の合図を受け取ると、戦ったり逃げたりすることが必要なので、進化的に2番目に古い交感神経系が優位となって、素早く動けるようになります。生命の危機に瀕したときは、もっとも原始的な背側迷走神経複合体が優位となって、凍りつき反応を引き起こします。

　ニューロセプションは、意識しないところで起きていますが、神経系が危険を察知していることは、生理学的状態の変化から自覚することができます。たとえば、あなたは仕事帰りの夜の道で、心臓がドキドキし、口が渇き、不安を感じたとします。これは、その環境を危険であると認識しそれに対処するために、交感神経系が優位になっているということが体感されています。

　このニューロセプションは、意識的に変えることができません。あなたが、ピアノの発表会で演奏することになったとします。心臓がドキドキしてきて、手も震えて、居ても立ってもいられず、演奏どころではありません。こんなとき、暗示をかけようと、「落ち着け、落ち着け」と自分に言い聞かせてたとし

ても、あまり効果がないのです。

　ところが、ニューロセプションが安全の
合図をキャッチすると、落ち着いてくるこ
とがあります。自分を応援してくれる友達
が、客席からにこやかにこちらを見て、
「がんばって！」という感じで、うなずい
てくれたとします。すると、心臓の高鳴り
が少し収まり、頭もすっきりとしてきて、
落ち着いてピアノの椅子に腰かけられるか
もしれません。

　ニューロセプションが、友達の様子を安
全の合図としてキャッチしたために、生理
学的状態が変化したのですが、やはり
ニューロセプション自体は意識できるわけ
ではありません。それはあくまで、心臓の
鼓動が穏やかになり、口の渇きが収まり、
視野が広がり、頭がすっきりしてきたとい
う、生理学的状態の変化としてのみ、感じ
ることができるものです。

6 その反応は「性格のせい」ではなく、生理学的状態です

　つまり、ニューロセプションによる心身の反応は私たちには制御できないと

考えると、私たちが他人に見せる行動は、「性格」や「好み」によるものとは言い切れないのです。たとえば、「あの人は怒りっぽい」とか、「あの人は、相変わらず湿っぽくて縁起でもない言葉を繰り返している」など、日常でみられるこうした姿（状態像）は、あたかも性格によるものであるかのように言われることがあります。ときには強引に「短気な人」、「陰気な人」とレッテルを貼られることもあります。

　しかし、ニューロセプションの概念からすると、これらはその人の生理学的状態にほかならないのです。「怒りっぽい人」は、常に交感神経系が優位で、「安全の合図」が出されても、それを的確に読み取ることができず、「攻撃された」と感じて、さらに闘争／逃走反応をエスカレートさせる傾向があります。「陰気な人」は、背側迷走神経系が強く活性化しており、身体が重く、気分もすぐれず、こうした生理学的状態から見た自己像や世界観は、不快で悲観的なものであることから、そうしたイメージのもとに生きているわけです。

　さらに言えば、社会的に価値があるとされるような行動も、ニューロセプションの賜物かもしえないのです。現代の資本主義経済の価値観では、ワーカホリックな人は、生産性が高く適応的であるとして称賛されるきらいがあります。しかし、ワーカホリックな人のニューロセプションは、やはりいたるところに危険を発見しているのです。たとえ何らかの成功を収めても、「こんなことをしている場合ではない、もっとがんばらなければ」と、常に失敗を恐れ、仕事に没頭して走り続けます。このような交感神経系が優位な状態では、友好や安全の合図を読み取ることは難しいでしょう。また、交感神経系が活性化している状態では、腹側が優位な状態での「好奇心」や「遊び心」も生まれないため、冗談も通じないし愉快な遊びもできません。

神経系によるニューロセプションのはたらきを理解すると、今までは「性格に問題がある」とみなされていた姿は、実は、生理学的状態の影響によるものだとわかります。ポージェス博士はここからも、安全の合図を出したり受け取ったりして、心身を落ち着かせ、より良い人生を生きることができるようにすることを勧めてくれています。

　〈ニューロセプションは多様〉：ヒトは、ニューロセプションによって危険が察知されると、まず友好的に解決しようとします。それがうまくいかないと可動化し、闘争／逃走反応を起こします。それがうまくいかず、いよいよ生命の危機となると、凍りつき反応を起こすというのは、これまでみてきたとおりです。では、どのような場面で、ヒトは社会交流から闘争／逃走反応へのスイッチが入るのでしょうか？　あるいは、闘争／逃走から、凍りつきへと移るポイントはどこでしょうか？　これは、人によってさまざま異なります。性別、年齢、生育歴、健康状態、一日の中の時間帯、文化、宗教など、あらゆる要因がかかわっています。水の氷点は零度ですが、その零度がヒトではさまざまに異なるわけです。
　ここで皆さんと一緒に、身近な例で考えてみましょう。
　3歳の子どもが、10歳の子どもにナイフで脅されたとします。3歳の子どもは恐怖で凍りつくことでしょう。この10歳の子どもでも、相手が26歳の青年格闘家ならば、たとえナイフで脅しても一撃で倒されてしまうでしょう。しかし、10歳の子どもが持っていたのが銃で、26歳の青年格闘家は素手だとしたら、武術を身につけている人といえども凍りつくかもしれません。
　あるいは、もし修業を積んだ高僧が、銃を持った10歳の子どもに脅された

らどうなるでしょうか。高僧は、たとえ撃たれてしまうとしても、最後まで凍りつくことなく、穏やかに子どもの幸せを願い、道を説いたかもしれません。

　また、こんな例はどうでしょうか。社会的にも経済的にも成功している男性が、あまり好きではない女性に交際を申し込まれたら……。迷わず断ることは想像できます。では、経済的に困窮している女性が、雇用主など権威をもった相手から、昇給をチラつかされセクハラをされたら、もしかすると抵抗できないかもしれません。これは、社会的抗拒不能といわれています。このように、凍りつくポイントは、その人の特性や置かれた状況によって異なることがわかります。

　私がよく使うたとえは、「ニューロセプションという〈体温計〉の大きさがヒトによって違うため、凍りつくポイントもまた異なる」、というものです。そもそも、個体差が大きいうえに、文化・社会的影響を受ける生理学的状態について、「普通」であるとか「標準」といった概念を当てはめることは難しいのです。

7　子どもの神経系の特徴

　子どもの神経系は、基本的な部分は大人と同じだとしても、反応の仕方や敏感さなどは、それぞれ異なります。モナ・デラフーク博士は『発達障害からニューロダイバーシティへ─ポリヴェーガル理論で解き明かす子どもの心と行動』（花丘ちぐさ訳、2022年、春秋社）のなかで、子どもの神経系について大切なことを教えてくれています。

　昨今は、少し過敏であったり、のんびりやさんであったり、怒りんぼさん

だったりするだけで、「発達障害」の診断を下すような傾向があります。デラフーク博士は、これを病気や障害だとするのではなく、神経系の個性としてとらえようとしています。それが、ニューロダイバーシティです。過敏な子どもは穏やかになることが難しかったり、のんびりしている子どもは素早く動くことが苦手であったり、怒りんぼな子どもは気持ちを落ち着けることが苦手だったりします。博士は、こうした他の子と違う行動を「問題」としてとらえ、それを「異常」と見なし「障害」というレッテルを貼るのではなく、その行動は子どもの神経系の状態の表現であり、むしろ自分を落ち着かせるためのその子なりの独特な解決方法であると言います。

　では、神経系の状態の表現とは、どういうことなのでしょうか？

　たとえば、子どもが体育館で体育座りをして先生の話を聴いている最中、突然金切り声を上げてしまうのは、その状態がイヤなのであり、変化を望んでいるということを示しています。授業中に手をパタパタたたくのは、不安な気持ちを落ち着けるのに、それが一番いい方法だからなのです。その行動自体は、集団の中では問題になりますが、デラフーク博士は、それを神経系の状態としてとらえてあげて、まずその子が集団で受け入れられるような環境を整えてから、自分自身で落ち着ける状態に導いてあげようといいます。

〈３つの経路〉：デラフーク博士は、子どもの神経系の状態を理解するために、ポリヴェーガル理論による「背側」「交感」「腹側」の３つの神経系を、３つの異なる色に例えました。背側は、落ち込んで静かになってしまうので「青の経路」、交感は元気が行き過ぎて怒ったり、攻撃したり、あるいは不安になって逃げたりする状態を表し、「赤の経路」と呼びます。最後の腹側は、

みんなと楽しく仲良くできるので、「緑の経路」と名付けました。

　デラフーク博士は、子どもの言動を頭ごなしに叱るのではなく、「今この子はどこの経路にいて、困っているのか？」「困った状態から出てくるのを助けるには、どうしたらよいのか？」と、自分に問いかけようと言います。さらには、親が今どの経路にいるのか、客観的に理解することも大切です。防衛に入っていたら、聞く耳を持つことができず、被害者意識や罪悪感が高まり、自分の中の不快感で、八つ当たりのような行動を取ってしまい、さらに事態を複雑にしてしまったりします。ここでも、親が自分を責めるのではなく、自分がどの神経系にいるのか、どの経路にいるのかを理解して、自分で自分を落ち着かせる必要があります。また、リソースを探して、誰かに落ち着かせてもらうことも大切です。

8　なぜ今、神経系が大切なのか？

　私たちが健やかでいるためには、人とのかかわりが欠かせません。私たちは、哺乳類である以上、辛いことがあったときは、誰かの温かさや優しさに包まれて、回復していくことが必要です。ポリヴェーガル理論では、私たちは人の思

いやりに触れることで、「自分は安全だ」と感じることができると、生理学的状態が整えられて、身体は回復と成長の力を取り戻すと言われています。この回復力が、レジリエンスです。

　脊椎動物に、一番古い背側迷走神経系が備わったのは、約5億年前。交感神経系は、約4億年前、一番新しい腹側迷走神経系が発生したのは、約2億年前です。そんな古いもののことをあつかう理論が、なぜ今大切なのでしょうか？

　私が子どもだった昭和30年代は、コンビニもありませんし、近所にお店もありません。お総菜なども売っていませんでしたから、夕方になってご飯の支度をしていて、お味噌やお醤油が足りないことに気づくと、近所に借りに行ったものです。そして、何かを借りた後は、作ったお料理を持っていって、お礼をしました。お料理をもらったほうは、その器をすぐに返さず、また、その器に何かお料理を入れて返すのです。こうやって、私たちはご近所づきあいをしていました。生活は決して豊かではなく、不自由でしたが、その貧しさや不自由さを、お互いの助け合いで補い、心豊かに暮らしていました。

　昨今は、インターネットが普及し、オンラインやメールでコミュニケーションを取ることが多くなり、人とのかかわりが希薄になっています。昭和の時代までは、ご近所の付き合いがあり、井戸端会議がカウンセリングの役割を果たすということもありました。

　腹側迷走神経複合体が司る社会交流システムは、背側迷走神経複合体と交感神経系の働きのバランスを取る役目もしています。ちょうど、オーケストラの指揮者のようなものです。朝は元気に起きて活動し、夜は、布団に入ったらすぐに眠くなって朝までぐっすり眠れる、そして、食事もおいしく、排せつも適

切にできる。このように元気に過ごすためのカギになる役割を果たしています。

　また、私たちがトラウマを被った場合、背側による凍りつき反応を起こし、危機が去った後もその状態が続いてしまうと、生活の質（QOL）が大幅に悪くなりますが、この社会交流システムが適切に働いてくれていれば、ショッキングなことや、辛いことがあっても、柔軟に対応して、心の健やかさを取り戻すこともできます。

　さらに、私たちが幸せになるためにも、社会交流システムを司る腹側迷走神経複合体の働きがカギになります。日々、社会のなかで活動したり、夢をかなえたりするためには、活動的になるための交感神経系の働きも大切ですが、さまざまな人とのつながりが日常の質を高めていきます。

　こうした心と心のつながりが失われつつある今、私たちは、人との付き合い方がよくわからなくなってしまいました。どこまで踏み込んでいいのか、どこまで助けを求めていいのか、あるいは、どこまでしてあげればいいのか、間合いを図る練習ができなくなってしまいました。それでいて、孤独の辛さに耐えかねている人も多いのです。

　たとえ21世紀になっても、私たちは進化に基づいた、古くからある神経基盤をもって生きていることに変わりはありません。ポリヴェーガル理論は、人間にとって一番大切なものは、思いやりを持ち、愛をもって人とかかわることだと教えてくれています。また、このように人と仲良くする練習ができなかったとしても、神経エクササイズをすることで、自然に社会交流システムを強化することができると教えてくれています。どんなに科学が進歩しても、決して置き換えることができない私たちの人間性について、ポリヴェーガル理論は科学的な視点から大切なことを教えてくれています。

ここまでお読みいただくと、ポリヴェーガル理論は、人間の基本的な特性を
よく説明していることがわかるでしょう。人間に普遍的にみられる行動は、哺
乳類としては何を意味し、社会的な生き物としてはどう良いほうに変えればい
いのか、大まかな道筋を見通すことができます。家庭で、保護者が子育てに
困ったときに、目指すところを見つける助けになるでしょう。学校で、教師が
子どもの資質を最大限に伸ばす指導をするのにも、役立てることができるで
しょう。医学の分野で、心身の病いずれとなくポリヴェーガル理論を応用して
もらえれば、優しい治療を実現することができます。

　ポージェス博士ご自身のお人柄も、温かく私たちを包み込んでくれるような
穏やかさに満ちています。世界で、そして日本で、ポリヴェーガル理論が良く
理解されて、人々の幸せに役立つことを祈っています。そんな温かさを、読者
の皆様が感じて、実践に取り入れてくだされば、きっと何かが変わっていくと
思います。

いまや定説となりつつある、ポリヴェーガル理論

　ポリヴェーガル理論の提唱者である、ステファン・ポージェス博士は、イリノイ大学名誉教授、メリーランド大学名誉教授、インディアナ大学名誉研究者、精神神経学会会長、行動科学学会連盟会長などを歴任しており、専門分野では厚い信頼を得ている科学者です。

　ポージェス博士は、1994年に精神生理学会の会長基調講演においてポリヴェーガル理論を発表しました。日本でも、2000年以降、海外からトラウマ学の講師を招いてのトレーニングなどを通して紹介され、知られるようになっていきました。ポージェス博士の著書の和訳が、2018年に『ポリヴェーガル理論入門―心に変革を起こす「安全」と「絆」』（春秋社・花丘ちぐさ訳）として出版され、2023年現在まで重版を重ねて10刷になっています。いまや日本でも、心理学の専門家やトラウマセラピストの間で、ポリヴェーガル理論は熱い注目を集めているのです。

　このポリヴェーガル理論は、ポージェス博士によって、検証可能な仮説として提唱されました。つまり、いろいろな方法でこの考えが正しいかどうか検証できる理論として発表し、さまざまな研究者に、各自の専門性の中でこの仮説について検証してみてください、と呼び掛けたわけです。仮説というと、「では、本当に正しい理論なのかどうか、わからないのですね？」と心配される方がいます。**しかし、科学的な視点で世界を見渡せば、私たちの生活はすべてと言ってよいほど、仮説によって成り立っています。**今までずっとそうだったから、たぶん明日もそうだろう、という推測です。太陽は、朝東から上り、夕方には西へと沈んでいきます。人類の歴史の初めからそうでしたが、明日そうであるという保証は、実はないのです。私

たちにはわからないことです。

　さらに心理学などでは、実験や調査の結果、統計的に有意であれば、多くの場合そうなるだろうと推測するようにして、一応、この考え方は信頼できるとしています。医薬品などでも、効果があることはわかっていても、なぜ効くのかまだ十分解明されていないものも販売されています。こうした意味で、私たちは仮説の中で生きているのです。

　そのような中で、研究の世界では査読（注：同じ分野を専門としているほかの研究者が、この論文の内容が信頼に足るものかどうかを専門的に検証すること）を経た論文がどのくらい専門誌に掲載されているかが、信頼性の指標となります。さらに重要なのは、どのくらい他の論文や書籍に引用されているのかという、引用回数です。

　ポージェス博士が執筆したポリヴェーガル理論の論文は、今までに400本以上が査読を経て専門誌に掲載されています。さらに、これらの論文の引用回数は３万件を超えるといいます。専門家でないと、実感がわかないと思いますが、引用回数３万件は天文学的数字であるといえます。これを見れば、ポリヴェーガル理論がいかに世界中の多くの研究者を触発し、インスピレーションを与えてきたかがわかります。

　実際に日本では、教育や心理、医療も含め、どのような領域で、どのような方法でポリヴェーガル理論が用いられているかがわかる実践レポート集『わが国におけるポリヴェーガル理論の臨床応用』（花丘ちぐさ編著、2023年、岩崎学術出版社）も刊行され、理論の臨床実践に関する情報に、広くアクセスできるようになっています。

ブックガイド

『その生きづらさ、発達性トラウマ？ ―ポリヴェーガル理論で考える解放のヒント―』（花丘ちぐさ、2020年、春秋社）

ポリヴェーガル理論を日々の生活に活かすために、2冊、書籍を紹介したいと思います。まずは、私の著書です。この本のテーマは「不適切養育」です。子どもを殴ったり蹴ったりすれば、虐待です。これは誰の目にもわかりやすい虐待で、周りも緊急対応が可能です。しかし、私たちの生活の中で、わかりにくい問題が起きています。「教育虐待」とか、「いい大学に入らないとダメだ」などといった、親の不適切なかかわりの問題です。「経済的にもそれほど困ってはいなかったし、学校にも行かせてもらい、塾も習い事もして何不自由なく育ったけれども、大人になったらうつになって動けない」「自分が何をしたいのかわからない」、といった方がとても多いのです。そこには、不適切養育が原因になっている可能性があります。本書は、「発達性トラウマ」と呼ばれる、不適切養育を原因とする自分の生きづらさに焦点を当て、ポリヴェーガルレンズを通して対処を提案しています。

『発達障害からニューロダイバーシティへ』（デラフーク著・花丘ちぐさ訳、2022年、春秋社）

本書は「子どもの問題行動は解決行動である」ということがテーマになっています。著者は、子どもの問題行動は、一見「問題のように見える行動」であって、実は、自分の安全を確保するための神経系を調整する努力をしていると述べています。発達特性のある子、トラウマのある子のニューロセプションのしくみを考える上で重要な一冊です。教育現場でぜひ読んでいただきたい本です。

（花丘ちぐさ）

3章

子どもの神経の
調整を理解する

浅井咲子

1 調整は、学校での安心・安全のための処方箋

　ここからは、神経系の調整という視点から、学校を子どもが安心・安全を感じられる場にするために何ができるのか、3章で学んだポリヴェーガル理論をもとに理解を深めていきつつ、実践するためのスキルをご紹介していきたいと思います。「神経系」というレンズを通して見ると、子どもが発してくれる「不登校」と呼ばれる現象への見方が変わってくるかもしれません。

　ポリヴェーガル理論は、私たちが生物として長い間生き延びてきた進化の賜物です。脊椎動物が哺乳類へと進化する過程で群れをつくり、**つながり**による安心・安全の確保というのが、重要で特徴的な分岐点でした。哺乳類は群れをなすことで生き延びる確率を上げて今日に至っており、人間はそのおかげで今、ここにいるのです。

　孤立しているよりも、ある程度、人とのつながりにいたほうが身心の機能が向上するのは、他者から提供される安心の合図に応答することで、より心拍や呼吸が穏やかになり、血流がよくなり血液が末端まで行き渡り、血圧の上昇が抑えられ、落ち着いていながら覚醒している状態になれるからです。

　ここで言う神経系とは、主に自律神経系のことです。保護者の方も、学校の先生も、**子どもの自律神経系がどの状態にいるのか**、という視点で日々過ごしていくと、子どもも大人も心地よい状態を共有できる、Win-Winの関係が期待できます。双方が身心に優しくいられるので、ストレスとのつきあい方が向上し、何より消耗を防げます。

　ニューロセプションが自分をとりまく環境を「安全」と査定すれば、腹側による社会交流システムが働き、つながりのなかで過ごせます。そして、その間

も休息や消化のメンテナンスモードである背側が穏やかに働き、臓器や器官が良好な状態にいられます（Kain & Terrell 2018；Porges 2011）。

　このような**良好な生理学的状態**にあれば、たたかう、逃げる、凍りつくといった防衛機能を不必要に稼動させることはありません。他者とかかわってくつろぎ、そして気楽な状態で冗談を言って笑ったり、ユーモアを言ってなごんだりします。お互いに「あなたは大丈夫ですよ」という合図を送り合うことで、絆がさらに深まります。そして、人間としての経験の質を向上させることもできます。

　特に、両者間のやりとりによってもたらされる安心は心理的、生理的健康へとつながります。内分泌系、免疫系の機能が良好になり、炎症や痛みも改善されるのです（Phillips & Porges 2016）。

　学校に行けず、不定愁訴や身体症状に苦しんでいる子どものニューロセプションは、何らかの危険を察知しています。したがって、まず、登校する、しないはさておき、その防衛の原因を見つけ、その状態から抜け出せるようサポートすることを何よりも優先します。ニューロセプションに働きかけ、防衛の在り方を少しずつ解除していけるように働きかけていきます（6章で事例を挙げていきます）。この、防衛状態にある子ども（人間）の神経系のへの一連の働きかけを、**調整**と呼びます。本章では、調整の具体的な方法を説明していきます。

2 安心という状態を科学する
─貧乏ゆすりの子・突っ伏した子の神経系─

　S.W. ポージェス（2004）は、ニューロセプションという造語で、私たちが外的な刺激や環境に対して、安全、危険、死の脅威という3つの判断を常に無

意識にしていることを概念化しました。環境からの刺激や情報をキャッチすると、生存のための評価が自動的にはじまります。

　子どもも大人も、ニューロセプションが危険と判断すれば、交感神経系の**たたかう／逃げる**、の状態に突入します。警戒し、身を守るために可動できる状態です。危険の度合いが最高潮に達し、生命の脅威と判断されれば凍りつきや身体的解離、シャットダウンなどの**極度の温存状態**へと切り替わります。これは、不測の事態に備えエネルギーを消費しないように、背側が身体のさまざまな機能を急激に抑制し、不動状態へと突入していることを意味します。

　つまり、子どもが学校で示す、動きすぎたり、活力が全くなかったりといった、一見不適応的な行動は、安心・安全を感じられてないということの表現なのです。

　私のところに、保護者の方や学校の先生から、しばしば次のような相談が寄せられます。

> **相談1**
> 　子どもが落ち着きなく貧乏ゆすりを頻繁にしています。やめさせるにはどうしたらよいですか？
>
> **相談2**
> 　机に突っ伏してだらりとしている子どもを、姿勢良くきちんと座らせるのはどうしたらよいですか？

読者の方は、どのような答えが思い浮かんだでしょうか？

どちらの子どもも、神経系というレンズを通してみれば、どういう状態で、どうかかわったらよいかが判ってきます。ちょっと、この2人の子どもの

イメージを頭の片隅に置きながら、先を読み進めてみてください。

右上図は、普段、臨床活動で示している神経系のはたらきを表したチャートです。ポリヴェーガル理論を私なりに簡単にわかりやすくまとめた図です。子どもたちにも神経のことを話す機会がありますが、そのときにも使っています。

〈社会交流システムがオンラインの子ども＝最適な覚醒〉：一番下の段は、腹側

のはたらきを示しています。左側には、くつろいで誰かとかかわっている＝社会交流していることを表した「ハート」や「握手」の絵が描いてあります。右側には、内臓などの器官が調整され、消化・休息などがうまくいき、一人でのんびりと心地良く過ごしている状態を「パンケーキ」で表現しています。これは、社会交流システムが働いている間も同時に、穏やかな調整が行われていることも意味しています。

社会交流システムが働いているとき（ここからは社会交流システムがオンラインという表現を使います）は、最適な覚醒の状態になり、下記のような特徴がみられます。

・今ここにいる
・つながりにいる
・安全だと感じる
・対応が的確で、好奇心がある
・感じ、同時に考える
・境界を保ちながら社交的である
・遊び心がある

腹側・最適な覚醒

[（K&T 2018）邦訳「レジリエンスを育む」（p.191頁）]

いわば安心の状態です。学校生活に置き換えると、いろいろなシーンでさまざまなことに興味を持ち、学習することができて、自発的でいられる状態です。Marchetti（2015）はこれを、**学習ゾーン**（Learning Zone）と呼んでいます。ちなみに、私が子どもたちに説明するときは「**気づきのゾーン**」や「**自分とつ**

ながれるゾーン」と言っています。

　この社会交流システムがオンラインのとき、子どもの目は、明るく、きらきら輝き、先生と目を合わせるのにも無理をしたりしません。身体や動きは、リラックスして筋肉には弾力があり、バランスのよい協調運動ができています。環境に応じて可動化したり、休息ができます。速すぎず遅すぎない動きが特徴です。表情には、感情が現れていて、声には韻律があり、笑い声がきらきらしています（Delahook, 2019）。

〈たたかう／逃げるモードの子ども＝過覚醒〉：中段は交感神経系のたたかう／逃げるの状態で、「ライオン」と「うさぎ」が描いてあります。これはいわゆる過覚醒の状態で、車のアクセルを踏んでいるときにたとえられます。下記のような特徴があります。

交感・過覚醒

・過剰警戒している

・緊張し、収縮が見られる

・高い心拍、高エネルギーの様子

・安全ではないと感じる

・圧倒される

・怒り、防御性を示す

・攻撃的で衝動性が高い

・反応的になっている

［K&T（2018）邦訳「レジリエンスを育む」（p.191頁）］

感情はイライラしたり、怒ったり、激怒といったように、たたかうモードの強度が上がっていきます（ライオン）。また、ちょっとした心配、不安、パニックといったように逃げるモードも高まります（うさぎ）。たたかうことができなくなると、逃げるという防衛に移行します。ですから、子どもが不安そうなときは、実は怒りがその根底にあることがよくあります。

子どもがこの状態にあるとき、目を大きく見開いたり、目を閉じたりします。強烈に相手を見ることもありますし、首を使って素早く部屋の中を見まわしたりします。身体は緊張し、常に動いてしまいます。その動きは速く、衝動的になります。集団行動では、他の子を押したり突いたりして、自分のスペースを守ろうとしたり、逆に他人のスペースに入り込んだりします。噛む、叩く、蹴る、跳ぶ、投げるなどの攻撃的行動もみられ、物にぶつかったり、転んだりしてしまいます。

口は大きく開いたり、あごや歯を食いしばります。怒りや嫌悪を示すような、しかめっ面で不機嫌な表情をしたりします。無理をして作り笑いをすることもあります。甲高い声で泣いたり、大声で怒鳴ったり、叫んでしまったりするでしょう（Delahook, 2019）。いわゆる問題行動と呼ばれている暴言・暴力、興奮、反抗、飛び出し、怒りの爆発、不眠、易刺激性・反応性です。

〈凍りついた子ども＝低覚醒〉：そして、たたかうことも逃げることもできなくなると副交感神経系が極度に抑制するように働いて凍りつき、不動状態になります（氷）。車のブレーキを踏んでいることにたとえられ、次のような**低覚醒**の状態になります。

・低エネルギーになる

・切り離された感覚がする

・無関心にみえる

・受け身、もしくはシャットダウン（遮断）している

・崩壊し、自分を守れない

・考えたり反応したり出来ない

・無感情になる

K&T（2008）［邦訳「レジリエンスを育む」（p.191頁）］

背側・低覚醒

　この状態の子どもは、遠くを見るような焦点の合わない目をしていたり、視線を合わせないでいたり、下を向いていたりするでしょう。眠気や疲れを感じていて、部屋の中に興味をそそられるものがないのか、見まわそうとしません。腰が引けて、うつむいています。立っていても座っていても、筋緊張が低くだらりとしています。探求心や好奇心が少ないか、またはない状態です。うつろで表情に乏しく、変化もありません。口をへの字にした、悲しい表情をみせていたりもします。声には抑揚がなく、何も声を出さないこともあります。話しても、ほとんど聴こえない声になります（Delahook, 2019）。「やる気が出ない」、「起きられない」、場合により「死にたい」とすら口にすることもあるでしょう。

　または、アクセルと急ブレーキを同時に踏んでしまったときのように、交感神経系が過剰に働いたまま、それを封じ込めるように急ブレーキの背側が働き、停止状態になることもあります（Kain & Terrell 2018；Levine 1997）。子ども

が、頭が痛い、お腹が痛い、吐き気がする、めまいがする、などと訴えている時は、**高い活性化と極度の温存状態**、いわゆるアクセルと急ブレーキが両方見られることがあります。ちなみにリストカットなどの自傷行為は、高い活性化や極度の温存状態を、何とか解消するための手段であることも多いのです。

　これらの神経系の状態をそれぞれわかり易く、交感神経の闘争・逃走モードを「赤」、社会交流システムがオンラインで最適に覚醒している状態を「緑」、極度の温存状態を「青」と説明しているものもあります。色はもちろんわかり易くするためのもので、赤が悪くて、緑がよいとかそういうものではありません。**どの神経の状態も、私たちの生き残りや状況への適応を助けてくれたのです**（Dana 2018；Delahooke 2019）。そして、このようにニューロセプションの働きによって、神経系の状態が変わっていくのです。私たちは、窮地のときに極度の温存状態に入ることで命を守ってきたのです（Fisher 2017；Kain & Terrell 2018；Levine 1997；Porges 2011）。

3　安心の状態へ導く、協働調整と自己調整

　誰かといて安心を感じて落ち着く、社会的交流の神経である腹側がオンラインになるには、幾多にもわたる養育者や大人との関係性において、安心という経験が積み重ねられることが必要です。子どもが生まれたときの腹側は、他の神経とは違い完成した状態ではありません。その発達は、胎内にいる周産期頃から始まり、思春期頃まで続きます。この神経が発達していくには、他者、主にお世話をしてくれる人から自分の興奮、緊張、そして不快感をおさめてもらい、**一緒にお互い穏やかさや安心といった心地よい感じを味わうという経験＝**

協働調整が必要なのです。

　自分の腹側が未発達なうちは、自らの調整不全を、他者によって調整してもらう経験を繰り返さなくてはなりません。協働調整によって、腹側が発達し、機能するようになることを、**自己調整**（self-regulation）と呼びます（Kain & Terrell 2018, pp.65-67）。ですから「自己調整は一日にしてならず」なのです。

協働調整

　神経系が活性化し緊張や興奮をしたのち、落ち着き、リラックスするということを繰り返すのが自己調整です。自己調整力があれば、興奮しても落ち着き、緊張してもリラックスが訪れることが予測できる状態でいられます。また、誰かといても落ち着けてくつろげるし（腹側）、1人でも安定して穏やかでいられる（背側の消化・休息）という、**両方の調整方法を使い分けられる**のです（Kain&Terrell 2018）。

　この2つの調整方法があれば、身体も感情も安定性のレベルが保たれ、感情の調整もでき、俯瞰したり、分析したりといった能力も発達させていけるのです（ibid., p.21）。そうすると突然キレたり、批判したり、糾弾したり、攻撃したり、逆に遮断したり、虚脱したりという緊急事態の防衛を過度に稼働しなくてもよくなるのです。

　調整がうまくいき、腹側が発達してくると、神経系の許容範囲が広がります。

これをレジリエンスと呼びます。乳幼児は、つながりのなかで**安心の感覚**を定着させ、興奮し過ぎたら落ち着かせてもらい（下方調整）、元気がないときはよい覚醒を与えられる（上方調整）ことで、適度な拡張と収縮のリズムとその一貫性が身についてきます。そして、不快な経験をしても、必ず修復が起こるという予測性が身に着いた子どもは、ストレスからの回復が期待できるので、人生において積極的にチャレンジしていけるようになります。刺激やストレスへの耐久性は、こうやって育まれていきます（Fisher, 2017）。

　まとめると、腹側が発達途中の子どもは、他者からの協働調整により自分の神経系が落ち着き快適さを感じることで、自律／自立が促されていきます（Phillips & Porges 2016）。ようは、**周りから腹側を借りながら**生活しているのです。落ち着きや程よい覚醒を状況に応じて提供されることで、子どもたちはストレスに強く、しなやかに対応できるようになるのです。

　では、先ほどの相談に戻ります。

相談１
落ち着きなく貧乏ゆすりをしています。やめさせるにはどうしたらよいですか？
　→動くことで、背側の不動状態になるのを防いでいる子どもなりの試みなので、やめさせる必要はありません。それよりも、穏やかで抑揚ある声で話しかけるなど、協働調整による落ち着きを徐々に導入していきます。

相談 2

机に突っ伏してだらんとしているのを、姿勢よく座らせるのはどうしたらよいですか？

→無理やり姿勢を正させる必要は全くありません。少しずつ近くに寄って、子どもがしばらくその状態で休み自然と少し筋肉に弾力が戻ってきた時を捉え、優しく会話をして腹側へと導くなどすると良いでしょう。

　この 2 つの相談に関しては、場合によっては原始反射に働きかけるなどの選択肢もあります。必要に応じて文献（栗本, 2017）などを参照してみるのもよいでしょう。

4 調整が提供できる場所のひとつ、学校

　昨今、子どもを支援する現場で、「主義を越えて（Beyond　Behavior）」という言葉が聞かれます。これは、子どもの行動を改善するために報酬や罰を与えて、好ましい行動を強化するのではなく、そのおおもとにある神経生物学的な安心に着目して、子どもの自発的な変化を促そうという考え方です。しつけや規律、罰則によるのではなく、子どもの安心をサポートすることで身心が最適な覚醒の状態にいたれば、自ずと防衛状態から向社会的な行動をするように変わってきます。行動を矯正しようと管理するのではなく、その本能的、適応的な意味を理解することが、いま求められているのです。

　いじめや、環境になじめない、または神経の多様性（ND：Neurodiversity）への理解不足により蓄積されたストレスや、虐待などのトラウマなど、さまざまな理由で、ニューロセプションは人や状況を危険と判断します（Delahook 2019）。それによる防衛の状態が解消されないまま集団生活を強いられるようになると、子どもは命を守るために登校をしないという選択をしてくれます。大人なら転職できたり、起業できるのに、子どもは学校や学級という限られたシステムのなかで警戒したり、防衛したりしながら過ごし続けなくてはならないのはフェアではありません。

　しかし同時に、ニューロセプションを洗練できる機会を提供でき、安心を感覚として感じられ、集団で社会協働調整できる場となる可能性を秘めた場のひとつであるのが、学校なのではないでしょうか？

　6章ではどのように防衛の状態から抜け出るのをサポートするか事例をもとにお伝えしたいと思います。7章では集団でできるエクササイズをご紹介します。

参考文献 ————————————

・Dana, D.（2018）. *The Polyvagal Theory in Therapy: Engaging the Rhythm of Regulation.* New York：W.W. Norton & Company, Inc.『セラピーのためのポリヴェーガル理論』花丘ちぐさ（訳）春秋社　2021年

・Delahooke, M.（2019）. *Beyond Behaviors: Using Brain Science and Compassion to Understand and Solve Children's Behavioral Challenges.* Eau Clarie, WI：PESI Publishing & Media.『発達障害からニューロダイバーシティへ - ポリヴェーガル理論で解き明かす子どもの心と行動』花丘ちぐさ（訳）春秋社　2022年

・Fisher, J.（2017）. *Healing the Fragmented Selves of Trauma Survivors: Overcoming Internal Self-Alienation.* London, Routledge.『トラウマによる解離からの回復—断片化された私たちを癒す』浅井咲子（訳）国書刊行会　2020年

・Kain, K. & Terrell, S.（2018）. *Nurturing Resilience: Helping Clients Move Forward from Developmental Trauma--An Integrative Somatic Approach.* Berkeley, CA：North Atlantic Books.『レジリエンスを育む - ポリヴェーガル理論による発達性トラウマの治療』花丘ちぐさ　浅井咲子（訳）岩崎学術出版社　2019年

・『人間脳の根っこを育てる - 進化の過程をたどる発達の近道』栗本啓司　花風社　2017年

・Levine, P.（1997）. *Waking the tiger: Healing trauma: The innate capacity to transform overwhelming experiences.* Berkeley, CA：North Atlantic Books.『心と身体をつなぐトラウマ・セラピー』藤原千枝子（訳）雲母書房　2008年

・Marchetti, L（2015）. *Dragons & Daisies: Keys to Resolve Baffling Behavior in Early Childhood Education.* San Rafael, California. Rafael Books.

・Phillips, M. & Porges, S.W.（2016）. *Connectedness: A Biological imperative.* http://bestpracticeintherapy.com

・Porges, S.W.（2004）. Neuroception：A subconscious system for detecting threats and safety. *Zero to Three.* 24（5）, 19–24.

・Porges, S. W.（2011）. *The polyvagal theory: Neurophysiological foundations of emotions, attachment, communication, and self-regulation.* New York：W.W.

・Norton& Company, Inc.

HR でできる安心・安全な居場所のつくりかた

（日々輝学園高等学校・林美雪）

　日々輝学園には、さまざまな理由で不登校を経験した生徒が数多く在籍しています。そのうちの多くが、心に不安を抱え、自分に自信が持てなくなった経験をしています。そんな生徒たちの共通の思いは、「もう一度自分らしく学校生活を楽しんでみたい」ということ。

　その思いに応えるため、最も大切にしていることは、一人ひとりが「自分はここにいていいんだ」「ここにいたい」と思える心の居場所作り。学校の中に安心・安全な居場所があって初めて、生徒たちがいろいろなことに挑戦してみよう、努力してみようという意欲が湧いてくるのだと思います。安心できる心の居場所は、その教室にいる生徒一人ひとりや教師たちの気持ち、言葉かけによって作られます。ここでは、その居場所作りのために、HR 活動の一環としてわたしたちが取り組んでいる「エンカウンター」について紹介します。

　本学園では、「構成的グループエンカウンター」の 3 ヶ年計画に沿って支援しています。他者の気持ちを尊重しつつ自己主張する力を開発し、生徒の人間的成長をより促進すべく、「アサーショントレーニング」の基礎を 1 年生で、応用を 2 年生で取り入れていることも特徴的です。

　不登校を経験した生徒たちの中には「集団が苦手」と感じている人が少なくありません。でも、集団を構成しているのは「個」です。まず 4 月、新しい環境の下では、どの学年においても自分と異なる「個」を理解することから始めます。お互いの理解が進むことで、集団への抵抗感が減り、集団の中での居心地が少しでも良くなればと思うからです。

各学年でのテーマ、実施するエクササイズの内容は以下の通りです。

●1学年

（1）テーマ

クラス内での友人づくり（リレーションづくり）、相互理解

（2）エクササイズ

①自己紹介カードによるリレーションづくり

　　2人1組で質問、そしてこれをさらに4人1組にしてパートナー紹介

　〈4月のオリエンテーション期間に実施〉

②スゴロクトーキング

　　6人1組でスゴロクをしながら、友人づくり

　〈4月のオリエンテーション期間に実施〉

③ブラインドウォーク

　　2人1組をそのままにして1人が目をつぶり、もう1人が校内を誘導

　　身をまかせる、信頼体験。〈5月に実施〉

④アサーション・トレーニング　基礎1

　　アサーション、コミュニケーションの3パターンの講義、自己の応答の傾向につ

　　いての理解。〈7月〜10月に実施〉

⑤アサーション・トレーニング　基礎2

　　アサーション、コミュニケーションの3パターンの復習の講義、2人1組での

　　ロールプレイ実習。〈9月〜12月に実施〉

⑥私の四面鏡

5人1組で実施。シートにもとづいて、肯定的なフィードバックをメンバーから受ける。自他の長所を知る。〈2月もしくは3月に実施〉

●2学年

（1）テーマ

自己理解・他者理解の促進、自己主張

（2）エクササイズ

①自己紹介カードによるリレーションづくり

2人1組で質問、そしてこれをさらに4人1組にしてパートナー紹介

〈4月のオリエンテーション期間に実施〉

②アサーション・トレーニング　応用1　「月世界」

宇宙船が母船から離れた月面に不時着。母船にたどり着くために必要性の高い物資に順位づけをグループで行う。自己主張とグループでの決定を体験。

〈5月に実施〉　体験学習前の「人間関係づくり」としても適している。

③アサーション・トレーニング　応用2　「あれこれ討論」

5人程度のグループで、あるテーマ、例えば「ペットに飼うなら犬か猫か」などについて2つの意見に分かれる。まず自分の意見とその理由を順に発表し、次に相手への反論理由を発表する。相手を自分の派へ勧誘し、意見を変えたい人はそれを述べる。自己主張。〈12月もしくは1月に実施〉

④Xさんからの手紙

クラスメートの宛名の書かれた手紙の用紙を配り、宛名の人に肯定的なメッセージを送る手紙を書く。受容体験。〈2月もしくは3月に実施〉

● 3学年

（1）テーマ

　自己受容・他者受容、相互主体的人間関係

（2）エクササイズ

①自己紹介カードによるリレーションづくり

　2人1組にして質問、そして4人1組でパートナー紹介。クラス内の人間関係づ

くりがまだ十分でない場合は、3年生になったので今までに組んだことがない生

徒同士で、このエクササイズを実施するとよい

〈4月のオリエンテーション期間に実施〉

②私のしたい10のこと

　願望や欲求を中心に自己理解を深め、将来への意識を高める

〈5月に実施〉

③ライフライン

　白紙に誕生から現在まで、そして将来という自分の人生を一本の線で表す

これにより自己イメージの統合化を図り、4人1組にしてシェアリング

〈6月もしくは7月に実施〉

④別れの花束

　目を閉じて「思い出深い場所」「私を支えてくれた人」について3年間をふりかえ

り、ワークシートに記入する。手紙に贈る言葉を記入し、グループ内で交換しあう

〈2月に実施〉

　HR活動の時間は年間で限られていますし、学校行事のための話し合いの時間も

必要ですので、全クラスが共通で実施するのはここで紹介したものです。この他、必要に応じて個別、少人数グループでのトレーニングを実施しています。

【実施前に留意していること】

・実施前にはエクササイズのマニュアルを読み合わせするだけでなく、実際に学年教員で実施し、体験しています。
・実施クラスの生徒の「心の準備状態」（レディネス）と人間関係（リレーション）について確認し、配慮などが必要かどうか検討しています。
・あるクラスで当該エクササイズ実施の困難が予想される場合は、他のエクササイズに変更するなどの柔軟な対応をしています。

【実施後のシェアリング】

「ふりかえりシート」を使って必ず実施しています。

「今日のエクササイズは面白かったですか？」「今日のエクササイズは自分のためになりましたか？」といった5問の選択回答と「今日のエクササイズを通して感じたこと、気付いたこと、学んだことを書いてください」という自由記述回答で構成されています。時間が許せば、自由記述回答の内容を話し合う機会を用意しています。

カモフラージュ

(高山恵子)

　自閉的特性の社会的対応の手段としては「マスキング（自閉特性を隠したり抑えたりする）」と「同化・順応（社会的相互作用をサポートする環境を見つける、またはたとえ不快であっても異なる環境に適合するように自分を変える）」、「補償（社会的な困難さやコミュニケーションの困難さを補う／回避する方法を見つける）」の３つの方略があり、これによってうまくやれる側面もありますが、自分らしさを隠すことで心身への影響がでやすいことがわかっています。

　カモフラージュしている自分と、素の自分と、どちらが本当の自分なのかだんだんわからなくなったり、周囲に合わせることと、自分らしく生きることのはざまで葛藤し、いろいろなメンタルヘルスの問題が出てくることがあります。QOL の低下をはじめ、場合によっては自殺などにつながることもあります。表面的にいい子を演じている場合もあるので、褒めすぎに注意することも大切です。不完全な自分を受け入れ、ありのままの自分を否定しない環境が大切です。

　カモフラージュは常に悪いわけではなく、理想の自分に合わせて努力するのが、「適度なストレス」に当てはまる場合は、成長にもつながります。ただ、本当の自分を否定し続け、過剰適応状態では「有害なストレス」で、注意が必要です。

　無理に集団に適応し続けて心的エネルギーが枯渇したり、挫折感や孤独感を感じる LGBTQ やヤングケアラーなどにも当てはまる場合があります。本当の自分を知る、そして大切にする。それが自然にできる場が、安心安全の場と言えるでしょう。

『不安・イライラがスッと消え去る「安心のタネ」の
育て方―ポリヴェーガル理論の第一人者が教える47
のコツ―』（浅井咲子、2021年、大和出版）

　本書は、ポリヴェーガル理論を臨床現場で応用した経験をも
とに、誰でも簡単に神経エクササイズができるようわかり易く、
かわいい動物のイラストと共に47のワークを紹介しています。

　日常生活に組み込む形で試してもらい、それにプラスして
不安やイライラなどの困ったときに対症療法として用いるの
がお勧めです。ガムを噛むフリをする、遠くの音に耳を傾け
る、馬の呼吸をする、目や眉を動かす、変顔、口笛を吹く、
など、簡単に試せます（本書の7章では集団でできるワーク
も載せています）。

　2021年2月の刊行以来、医療や教育現場、児童養護施設、デイケアなどの精神作業療法の
現場、就労支援、ひきこもり支援、HSPの団体などさまざまな現場で活用してもらっていま
す。2023年6月には台湾でも訳書が出版されました。実践してぜひ気楽さ、心地よさを手に
入れてください。

『［新訳版］子どものトラウマ・セラピー』
自信・喜び・回復力を育むためのガイドブック
（ラヴィーン / クライン著、2022年、浅井咲子訳）

　本書は、「トラウマは神経系に」というラヴィーンの言葉
をもとに、どう子どもの神経系に働きかけ、調整力を回復し、
レジリエンスを身につけるかを豊富な知識のもとに紹介して
います。子どもに起こりえる転倒、事故、怪我、災害などに
よるトラウマを、保護者や大人がどのように介入して早期発
見と介入を行うかをわかり易く解説しています。子どもと
ゲーム感覚でできる役立つエクササイズなどが紹介され、た
くさんのヒントが散りばめられています。特に第6章の「性
被害－リスクの軽減と早期発見に向けて」では、子どもと試
してみたい防止策やロールプレイなど、リスクを減らすために参考にしたい情報が載ってい
ます。

（浅井咲子）

4章

不登校12タイプ別：
NG 対応とリカバリー対応

高山恵子

1 不登校対応のステージ

　青田進先生は『不登校は9タイプ：教室復帰の7ステージと不登校の抱える6つの不安心理の説明書』（2017年、不登校研究所）のなかで、不登校の支援のステージとして、7段階を提唱しています。これを参考に、筆者（高山）がいくつかステージを追加し、不登校支援の順序を解説しました。これは、本人自身が「本当に学校に行きたい」（親や先生など大人から登校するべきといわれて、しかたなく行きたいと思うのでなく）けど行けない、葛藤がある、不登校タイプの生徒さんに有効な、スタンダードな順序です。

ステージ0：ゆっくり休む

　まずはゆっくり休み、エネルギーを回復させることからスタートです。疲労を取る、心的エネルギーを充電させることは、神経心理ピラミッドの観点からも重要です。

ステージ1：不登校の原因を知る

　学校が安心・安全の場でない、学校が合わない原因をみつけるために、生徒が本音で話せる場が必要です。本音がわからない場合もあるでしょう。それまでの子どもの様子や、保護者からの聴き取りで得た情報を元に、マズローの欲求の階層と神経心理ピラミッドのチェックをして、問題点を洗い出しましょう。

ステージ2：親の対応の改善

　親のストレス、家庭の問題、虐待などがあり学校に行けない子を叱責すると、

さらに親子関係が悪化する場合があります。スクールカウンセラー（以下
SC）とスクールソーシャルワーカー（以下SSW）と連携して、家庭での安心
安全の環境がつくれるよう、まずは親が子どもを受容、共感ができるように支
援しましょう。

ステージ3：規則正しい生活リズム

　睡眠の乱れがあると、神経心理ピラミッドの上位の〈認知機能〉が発揮でき
にくくなります。まずは良質な睡眠、食事を含めた規則正しい生活を目標とし
ましょう。学校に行けなかったとしても、朝は日光を浴び、体内時計をリセッ
トすることが理想です。

ステージ4：家以外の活動の場などのさりげない提示

　睡眠と食事が十分になり、神経心理ピラミッドの下から2段目の〈活動の意
欲〉が出てきたら、本人が興味を持ちそうな活動の場の情報などを、さりげな
く提示するのがよいでしょう。最近はインターネットで不登校の支援をしてい
るところもあります。何か自分でやりたいことを見つけると、規則正しく生活
リズムを整えようという動機づけにもなります。必要に応じてカウンセリング
を受けたり、グループワークなどに参加するのもよいでしょう。

ステージ5：見守り

　学校に行きたいけど行けないという葛藤がある子は、ちょっとしたきっかけ
があれば行くようになることがあります。たとえば、友だちが朝、自然な形で
迎えに来てくれたのがきっかけで、行けるようになった例もあります。ただス

テージ４までの段階をクリアする前に登校刺激をすると、子どもは反発して、ゲームやスマホに依存したり、さらに大人との関係が悪くなったりします。ポイントは「行きたいけど行けない本人の葛藤を理解し、寄り添う態度」です。

　なお、以前は「登校刺激」という言葉をよく使いましたが、その刺激が支援になっておらず、学校嫌いを強めてしまうことがあるという反省から、今では「見守り」という言葉が一般的になっています。あくまでも、本人が行きたいという気持ちを大切にして、そのタイミングは生徒さんの様子を見ながらということになるでしょう。変化が苦手というお子さんは、急に先生や SSW が家に来ること自体に不安や恐怖を感じるかもしれません。まずは本人が本当の気持ちを伝えられる人を見つけられることが重要です。

ステージ６：別室登校＆学校外の場への参加

　登校したい気持ちが強くなってきた場合、様子を見ながらスモールステップで進めるのがよいでしょう。学校のなかでも、教室以外で学習の場を提供することも進められています。部活から参加するのも OK というサポート校もありますので、公立校でも実施できると理想です。

　また、出席については、保健室だけでなく、適応指導教室やサポート校など、学校外の場に行くことも出席と認められるケースが増えてきました。学校の一斉授業が難しすぎる、簡単すぎるといった、レベルが合わない子どもたちは、校外の学びの場を利用するという選択肢もあるでしょう。ポイントは、本人が安心・安全や意欲を感じられる場であるかどうかということです。

ステージ7：教室復帰

「無理に教室へ戻そうとしない」ことが重要です。戻れるきっかけはさまざまです。原因がわからない、行きたいと思う気持ちが全くない、不安が強く、トラウマなどの心因性の課題がある場合等は、１～６のステージ自体がうまくいかないことがあるでしょう。登校・教室復帰は最終目的ではないのです。卒業後、生徒たちが幸せになるために何が必要か、３つのストレスレベルも考えながら、教育以外の専門家と一緒に対応を検討するのがいいでしょう。

ステージ8：自己理解教育：根本課題への対処

不登校の原因がわからないまま学校へ戻ったとしても、トラウマなど根本的な問題が解決していなければ、再度不登校になるかもしれません。不安の原因は何か、うまくいく条件は何かなどの自己理解や、他者理解、対人関係スキル、ストレスマネジメントなどの教育が重要です。これはユニバーサルデザインで、すべての生徒さんが学習できるのが理想です。逆にこれが事前にできていれば、不登校になる人が少なくなるとも言えます。

21ページのアンケートの結果からも、不登校になる原因が本人もよくわからないケースが非常に多いことがわかります。これは、発達障害の当事者として、また20年以上支援者としてかかわってきた筆者の経験から、主に２つの理由を考えることができます。

まず、発達障害のある人、特に未診断の人は、「自分が苦手なことをみんなと一緒にやらなければいけない」という状況では、非常に疲れやすいことが考

えられます。「発達障害があり、苦手なことをやるときに時間がかかる割に結果が出せないから、とても疲れる」とわかっている場合は原因が明確になりますが、そうではない場合は「易疲労性」と呼ばれるストレス状態、つまり理由はわからないけれども疲れてやる気スイッチがオフになる、イライラするといった状態になることがあります。詳しくは30頁の神経心理ピラミッドをご参照ください。

　エネルギーが切れた状態になったら、休憩して充電する必要があります。心身ともに疲れが取れると、自然とやる気スイッチが動き出すようになります。

　もう一つは、過剰適応です。親や支援者の期待に添う自分にならなければいけないと本人が思い込んでしまったり、ありのままの自分に自信がなく、自己否定をしていると、ありのままの自分をカモフラージュして無理をする、という状態になることがあります。

　その結果、自分では原因がわからない慢性的な疲労を感じ、もうこれ以上は頑張れないという状態にまでなったり、過剰に適応しようとしていることにも気づかず、体がついていけないという状態になることがあります。

　不登校のお子さんの原因がよくわからないというときには、まずはこの２つのポイントを観察していただくことをおすすめします。

2 12タイプ別：NG対応とリカバリー対応

どういう対応が NG か？

それをリカバリーするには？

　この視点から、それぞれの事例について解説していきます。がんばって支援
しているのに効果が出ないと、落ち込むこともあるでしょう。しかし、支援者
自身が NG なのではなく、その対応が NG なだけということ、そしてその対応
はいくらでも OK に変えることができることを思い出しましょう。これは、子
どもの行動にもまったくあてはまることです。

　この節で挙げている12のタイプは、青田進先生の『不登校は９タイプ：教室
復帰の７ステージと不登校の抱える６つの不安心理の説明書』を参考にして、
私の経験からアレンジをしました。

大切なことは、

学校で、安心・安全に過ごせること

　つまり、その子にとって安心・安全でない環境が続く場合、学校に行くこと
は必ずしもゴールではないということを、念頭において読んでみてください。

　そして、アンダーラインが引いてある箇所は、第３章以降で紹介している、
ポリヴェーガル理論からわかる、子どもの神経系の状態の変化です。この本を
全部読んだ後で、本章に戻ってきて、ポリヴェーガル理論的にはどう見立てて、
どう対応すればいいか、考えてみると理解が深まるでしょう。

① 睡眠不足

　子どもたちは、特別な理由がなくとも夜遅くまで起きていることがあります。それは、ヒトの睡眠は20歳頃までは、だんだんと夜型になっていくという、生物学的な理由があるからです。ただ、学校の活動は朝型ですから、部活や授業の開始時にはまだ、寝不足状態の子どもたちが多くいます。もちろん、スマホのゲームやSNSも、夜更かしの原因の１つです。端末の液晶が発するブルーライトは、睡眠を促すメラトニンの分泌を妨げたり、交感神経を活性化させ興奮し動悸を生じさせたりするので、眠りにくくなります。このため、平日は寝不足で休日に寝だめというパターンになりやすく、「社会的時差ボケ」（26頁）に陥り、不登校へとつながっていくことがあります。また、睡眠不足が重なると、実行機能や集中力・判断力が低下し、衝動的になったり感情のコントロールができにくくなったりします。

NG対応：表面的な注意にとどまる

　中２のA君は、いつも始業ギリギリに学校に到着します。頭はボサボサ、忘れ物も多く、授業中にあくびをしたり、ぼーっとしていることも多いです。しかし欠席はせず、宿題もそれなりにやってくるので、担任は特に注意はしませんでした。ところが、夏休み明けに遅刻が多くなり、家庭に電話して話を聞くと、母親も働いていて、遅刻しているのを知らなかったとのことでした。担任は母親と本人に、遅刻に気をつけるよう口頭で注意しました。中３も間近なので、A君が自覚を持てば改善されるだろうと信じていましが、予想を裏切り、だんだんと欠席が目立ちはじめたのです。

その後の対応

　まず、クラス全体で睡眠表を1か月間つけてみることにした。ここには、ゲームやSNSをやっている時間も記入することとした。この取り組みでA君は自分の生活リズムに気づく。彼はバスケ部から帰ると疲れていて、夕食も取らずすぐに仮眠をしていた。起きてすぐゲームをしてしまうので就寝は1時以降になり、朝起きられず、遅刻や欠席につながることを彼は自覚したようだった。担任が、「これから何をしたらいいだろうか」と質問したところ、本人の口からこんな答えが返ってきた。「宿題をやる前にゲームを始めてしまうと、ずっとゲームをしてしまうんです。こんなことでは受験勉強はできない。どうしても行きたいと思っているバスケの強豪校があるので、睡眠リズムを整え、早く寝て遅刻しないように工夫します」。

不登校のきっかけになる、朝起きられないということ。その改善の鍵は、睡眠指導です。まずはじめに、睡眠表をつけることをオススメします。これは小学校高学年からでも遅いくらいで、生活パターンを変えるための介入は、いまや保育園・幼稚園から必要な時代です。睡眠チェックは、一年でも早く、学年全体で実施すると良いでしょう。

　「たかが睡眠……」と思いがちなので、保健体育の時間などに、マズローの欲求の階層を根拠にして、子どもたちにしっかりと睡眠の重要性を伝えましょう。睡眠不足によって記憶力などが落ちるだけでなく、成長期に脳の機能を発達させるには睡眠が必要だと、「あの二刀流アスリートも毎日10時間も寝ている」などと、エピソードを交えて説明するとよいでしょう。

　特に、保護者にも協力してもらう必要があるのは、入試を控えた中3の子です。試験は朝から始まり、夜間に行われるということはないので、受験勉強を夜型のまま続けていると、入試本番で能力が発揮しにくくなるということを理解してもらいましょう。

　発達障害やネット・ゲーム依存がないタイプの生徒は、睡眠表で現状を分析し、明確な目標を設定して、「やることリスト」を書きだし、そのためのプランニングをサポートすると、睡眠が大きく改善する場合が多いです。

② 体調不良（頭痛、腹痛、吐き気）

　「身体症状を呈する登校障害児の症候学的検討（横田俊平、黒岩義之）」によれば、不登校・不登校傾向で病院を受診した子どもたち28例すべてに、全身の痛み、頭痛、関節痛などの、疼痛性障害がみられたそうです。熱が出ているなど、はっきりした症状がない場合、ついつい「大丈夫でしょ」と言ってしま

いがちですが、その背景にはいろいろな病気が存在することがあります。

　よく診断されるのは26頁で少し触れた、**起立性調節障害**です。10歳頃からみられる疾患で、小学生の約5％、中学生の約10％、高校生の約16％が発症するそうです。朝なかなか起きられないだけでなく、立ちくらみやめまい、睡眠障害や自律神経失調症、思考力や集中力の低下、イライラ感など、さまざまな症状が起こります。ただし、この診断は状態像に対して名前がつけられることもあり、その陰に何らかのストレス要因がないかを確認する必要があります。

NG対応：「保健室登校」で経過観察

　1時間目の授業中、Bさんが小さな声で「保健室に行きたい」と言ってきたので、担任は「この時間は重要な話だから、もう少し頑張って、授業が終わってから行こう」と伝えました。前にも何度か同じことがあり、そのたびに「何か悩みがあるのなら聞くよ」と言うものの、話してくれる気配がありません。担任はBさんを保健室に行かせたときは、休み時間に体調を確認しにいき、「戻れるようならいつでもいいから、戻ってきて」と勧めていました。この様子だと、一日でも休むと不登校に入る気がするので、「担任としては、保健室に行ってもいいので、何とか頑張らせたい」と、保護者に伝えました。母親によると、父親も「病気でもないのに欠席するな、甘えるな」と考えているとのこと。保護者と対応の方向性は一致していることが確認できたので、同じ対応を継続していたところ、欠席が多くなってきたのです。

その後の対応

母親の話によると、Bさんは月曜日の朝になると決まって、「頭が痛い」「お腹が痛い」と言うらしい。登校について、母親と父親の考え方が違っていて、母親は休ませたいと思っていたが、父親が厳しく無理に登校させていた。子どもの登校のことで夫婦げんかも多くなり、夫婦関係は悪化して、Bさんにはそのストレスもあるということだった。Bさんはもともと、心配事があるとお腹の調子を悪くしやすく、トイレに行くときのを見られるのが嫌で、「保健室に行く」といってトイレに行っていた。それをもう少し我慢するように言われることは、本当につらいことだったという。これを聴いた担任は、今後、朝どうしてもしんどいときは休んでもいいと認めてあげてほしいと母親にお願いをし、学校では好きなときに保健室に行っていいと、Bさんに伝えた。

　このタイプは「怠けている」と見なされてしまうことが多く、特に起立性調節障害の症状は、「仮病」とみられ叱責の対象になりやすいです。学校を休む

ことを OK とし、「つらいね」と共感されると、体調が改善するケースもあります。教員間で情報を共有し、保護者や、必要に応じてクラスメートにもそのことを伝え、決して怠けているのでないと理解してもらうことが重要です。

　「体調が悪ければ休んでいいし、なんとなくおっくうな日は保健室登校でもいい。早退してもいいから行ってみない？」と声がけすると、登校のハードルが下がります。また、保健室に担任が様子を見に来ることが苦痛という生徒もいるので、養護教諭と連携し、可能な範囲で本人の本音を確認し、共有しましょう。このような役割分担が重要なのです。養護教諭が聴き取ることで、担任には話せない本音が明らかになることもあるからです。

　しかし、子ども本人が実際に体調不良を感じて訴えていても、別の原因が隠れていることもあります。たとえば、宿題をすべてやっていないときにお腹が痛くなる場合です。こういう生徒は、半分でも頑張ったことを認めることで、腹痛が改善されるケースもあります。あるいは宿題自体が難しく、そのストレスから体調不良になっているケースもあるので、本人と相談して、ストレスレベルをチェックして、内容を調整しましょう。

　体調不良を訴える場合と逆に、過剰適応している子どもは、大人からは表面的にはそれほど深刻でないようにみえても、病院を受診したところ過敏性大腸炎や慢性疲労と診断されるケースもあります。

③ 対人トラブル（いじめ、先生との関係）

　不登校の原因の主たるものに、いじめや嫌がらせなどの生徒同士のトラブルや、先生とのトラブルがあります。最近ではSNS関連のいじめもあり、見えない場所で起こっていることがあります。いじめ防止の基本は「**多様性の理解**」です。何かがみんなと違っても、からかいや嫌がらせをしないということを、繰り返し授業で伝えることが重要です。特に、「人によって感じ方は違う」ということを共有するのが大切で、いじめる側や周囲は「何てことない」と思っている言動でも、人によっては傷ついているという認識をしっかりと持ってほしいのです。しかし、いじめをゼロにすることは現実的ではないので、嫌なことを言われたときに無視するというトレーニングも大切かもしれません。

　また、少し衝撃的な事実ですが、1章で紹介した日本財団の調査では、不登校の原因として「先生とうまくいかない／先生に頼れない」という理由が38％もありました。先生側としては、支援をしていると思っていることが、本人にとってはストレスフルな状態をつくりだしていることもありますので、注意が必要です。1年間不登校でも、担任の先生が変わった途端に登校できるようになる子もいます。

NG対応：いじめの解決を保護者同士に任せる

　小1のC君は給食当番のときに給食服を着ることを嫌がり、担任がどうにか着せようとするとパニックになり、周りの子たちにそれをからかわれていました。それからしばらくすると、C君が通学路でいじめられているという報告があり、C君の保護者からいじめをやめさせるよう指導してほしいと連絡があ

りました。しかし、担任は「子ども同士ではよくあることで、教師がかかわると逆効果になるので、特定の子に指導はしないようにしている。授業で全体に、いじめないように伝える」とだけ回答。保護者は納得していない様子だったので、担任から再度「いじめていた子どもの保護者と話し合いの場を作るので、保護者同士で話し合ってほしい」と提案しました。しかし、C君の保護者は激怒し、翌日、教育委員会に「担任のいじめ対応が無責任である」と苦情を伝え、担任は校長から状況説明を求められることとなりました。

その後の対応

　担任はこれを受けて、あらためて保護者から家庭でのC君の様子を丁寧に聴き、訴えを傾聴した。C君は家でも洋服のタグや帽子を嫌がり、我慢させようとすると大泣きして止まらないことがあるとのことだった。そこで給食当番のとき、C君の負担にならない方法はないか、保護者と話し合い、エプロンと三角巾を用意してもらえることになった。クラスでは担任から「C君は感覚がデリケートなので、給食当番エプロンと三角巾を使います」としっかり理由を説明したところ、クラスメートは理解し、給食時のからかいはなくなった。

　それと同時に、「みんなのNGワード（言われたくない言葉）」と「みんなのOKワード（言われると嬉しい言葉）」についての授業を実施。さらに、C君の電車に詳しいという才能を知ってもらい、それを生かすため、遠足で乗る電車について、C君からみんなに説明してもらう機会を作った。すると、彼はクラスメートから「電車博士」と呼ばれるようになり、自分の得意なことでクラスに貢献できたことで居

場所を得た。C君はその後、中学校、高校へ進んでも、不登校になる
ことはなかった。

　「嫌なことがあっても先生は助けてくれる」という安心感が本人に芽生え、
C君は安定しました。いじめは、勘違いやコミュニケーションのずれで起るこ
ともありますので、まず事実確認が重要です。また、担任の先生に話しにくい
場合は、保健室の養護教諭やスクールカウンセラーなど、学校内でも他に相談
できる人がいるということを、入学式や始業式の時に、保護者や生徒に伝える
ことも大切です。
　担任が話をじっくり聞いてくれると、保護者も信頼感を抱くようになります。
その最も肝心なタイミングは、新学期なのです。新学期は忙しい時季ですが、
このときこそ一年のベースになるので、雑務をなるべく減らし、子どもや保護
者の話をじっくり聴く時間を取りましょう。そうすれば、後々、問題が大きく
なって、対応に追われ残業が増えるような事態を回避できるのです。

参考資料 ────────
文部科学省作成「いじめのサイン発見シート」
https://www.mext.go.jp/a_menu/shotou/seitoshidou/__icsFiles/afieldfile/2018/08/21/
1400260_001_1.pdf

④ ヤングケアラー

　ヤングケアラーの定義は「家族にケアを要する人がいる場合に、大人が担うようなケア責任を引き受け、家事や家族の世話、介護、感情面のサポートなどを行っている、18歳未満の子ども」（日本ケアラー連盟、2017）とされています。子どもが家事・育児を手伝っていたり、家族の介護などで遅刻や早退をしたりすることがあります。以前は「お手伝い」の範疇とされていましたが、最近は不登校へとつながるケースもよくみられています。

　ヤングケアラーの子は、学校のなかで5％程度存在していると報告する調査が多いようです。文部科学省が行った「平成28年度児童生徒の問題行動・不登校等生徒指導上の諸課題に関する調査」の結果でも、長期欠席の理由の1つに「保護者の教育に関する考え方、無理解・無関心、家族の介護、家事手伝いなどの家庭の事情から長期欠席している者」が挙げられています（文部科学省2017）。

NG対応：一方的にレッテルを貼る

　中1の授業でヤングケアラーの啓発用プリントを配布し、説明しました。チェックリストを実施したクラスのなかに、ヤングケアラーであると思われる

Dさんもいました。夏休み明けから遅刻が多くなり、宿題もできていないことが多いため、SSWと担任が家庭訪問をしたばかりでした。ヤングケアラーチェックリストの結果を関係者で共有し、不登校になる心配があるので、Dさんには家庭の状況をSSWに相談することをすすめました。ところが、両親は「子どもが家事を手伝うのは当たり前で、本人も嫌がっていない。家庭のことに口出ししないでほしい」と怒りをあらわにしたのです。その後、Dさんは家での話を一切、学校関係者に話さなくなり、保護者と学校の関係も険悪になってしまいました。

その後の対応

　担任は、Dさんの所属する部活動の顧問も兼任していたが、彼女は時々、部活を早退していた。参加できる日は熱心に取り組み、他のメンバーとも良好な関係である。早退するときは特に注意したりせず、家事手伝いをしていることをねぎらった。Dさん自身は「部活でストレスを発散できるので、参加できるときはしたい」ということだったので、本人の許可を得て部員に事情を話し、理解してもらったところ、全員で応援するとのことだった。進路相談の三者面談のとき、担任は母親の思いや状況をしっかり傾聴したところ、本人は小さい妹の世話を嫌がることなくこなしており、学校生活とのバランスはなんとか保っているので、今は大丈夫と考えているようだった。状況が変化し、さらに難しいことが起こったときは、SSWに相談する方法があることを、改めて伝えた。母親の態度が軟化したように見えたので、進路に焦点を当てて、Dさんの負担をどのように減らしていくか、話を母

親に向けてみたところ、「受験までにどこかに相談しようと思う」と
答え、ヤングケアラー支援の資料を持ち帰った。Dさんの希望で、ク
ラスメートには家族の世話をしていることは、オープンにしないこと
に決めた。

　ヤングケアラー支援のポイントは、子どものストレスレベル（31頁）に着目
することです。先生方に求められるのは、家族のケアが本人にとって〈有害な
ストレス〉になっていないかをチェックすることです。がんばりすぎでバーン
アウトする前に支援することが重要です。

　ただし、本人がお手伝いだと納得してやっていて、ストレスレベルも軽いの
なら、わざわざ「君はヤングケアラーだ」とレッテルを貼る必要はありません。
また、学校では良かれと思って親に渡すようにと言って配る啓発用プリントが、
かえって子どもの立場を悪くすることもあるので、注意が必要です。学校側が

すべき支援は、子どもが家族の世話をすることにより自分の学習や部活動に支障が出たり、やりたいことができなかったり、進路に障害があったりしないようにすることなのです。ですから、「ヤングケアラー支援」というふうに大げさにアピールせず、進路指導や不登校支援ということで、間接的に、それとなく支援する方針を考えましょう。

　ヤングケアラーの子たちは、家族の世話で遅刻や早退をしたときに、本当の理由を話さないこともあります。「いつも「寝坊した」と嘘をついていた」というヤングケアラーもいます。ただ遅刻したことを責めてしまうと、そこに隠された本当の問題を聴きだせなくなってしまいます。「なぜ遅刻したの？」と正面きって尋ねるのではなく、雑談のなかで家族の状況をさりげなく聴くようなアプローチが大切です。自己開示を促す方法としては、144頁で紹介しているちょこっとチャットも参考にしてみてください。子どもに本音を話してもらうには、悩みを話せる、信頼できる、味方になってくれる大人が学校にいつでもいることを、繰り返し示していくことが重要なのです。

⑤ ネット・ゲーム依存

　TVゲームに限らず、パソコン、スマホなど、さまざまなゲーム機器があり、一日の大半をゲームに費やし不登校になってしまう子どももみられるようになってきました。WHOのICD－11（国際疾病分類）では、次の4つの状態が、いずれも12か月以上続いている場合、「ゲーム行動症（ゲーム障害）」の診断基準を満たすとしました（ただし、すべての基準が満たされ、症状が深刻な場合は12か月より短くても診断される場合があります）。

1．ゲームを続ける時間や頻度などを制御できない

2．ゲームが他の生活上の関心事や、日常行動に優先する

3．問題が起きてもゲームを続ける、もしくは一層のめりこむ

4．ゲームにより個人、家庭、学業、仕事などに重大な支障が出ている

　アメリカ精神医学会が作成している診断マニュアル「DSM- 5 」では、「インターネットゲーム障害」という診断名で、同様の疾患についての診断基準が掲載されています。インターネット・ゲーム依存の治療を始めたのは、もともとアルコール依存症治療施設であった国立久里浜医療センターですが、いまやこの病院だけではなく、日本各地の精神科病院にも、ゲーム依存外来ができはじめているほどの状況です。

参考資料 ─────────
立川市が発行している「ゲーム依存度チェックシート」
https://www.city.tachikawa.lg.jp/shido/03check/documents/3.pdf

　不登校の児童生徒を対象とした文部科学省の調査によると、小中学生の約18％（ただし複数回答）が、不登校のきっかけになったのは「インターネット、ゲーム、動画視聴、SNS などの影響（一度始めると止められなかった、学校に行くより楽しかったなど）」であると回答しています。

NG対応：子どもにゲームを強制的に止めさせる

　小学5年生のE君は、頻繁に宿題をやってこないので、担任から何回か母親に連絡をしました。母親からは、「一日中ゲームに夢中で、何度「やめなさい」と言ってもやめず、困っています、先生からも言ってほしい」とのことでした。担任は、小学生の家庭の問題は親の責任と考え、「ご家庭で厳しく対応してください」というアドバイスをしました。すると母親は、E君がいない間にゲーム機を捨ててしまったそうです。もちろん大げんかになり、その後、親子関係が悪化してしまい、<u>E君は自室にひきこもり学校にも行かなくなってしまいました</u>。担任は、「こんなことになるとは考えてもいなかった、もっと他のアドバイスをすべきだった」と反省しましたが、今後の対応に頭を悩ませています。

その後の対応

　担任は、E君のゲーム管理を親だけに任せるのではなく、学校全体やクラスでも何か対応できないか、検討することにした。そこでまず、学活の時間で、ゲームやSNSを長時間するとなぜいけないのか、どうしたら時間を短くできるのか、全員で話し合った。話し合いでは、1日にゲーム・ネットをしていい時間をクラス全体で決め、みんなでそのルールを守る努力をするようにし、「ゲーム・ネット時間表」を毎日つけ、目標達成の管理をクラスで共有することにした。その結果、改善した子もいれば、すでに依存症レベルにあり改善しない子もいたので、そのような子には個別に話を聞き、必要に応じてスクールカウンセラーにつなげた。

　依存レベルの子がクラスにどのくらいいるのか、現状確認の意味でも、インターネット・ゲーム依存度チェックをクラス全体ですることをお勧めします。ネット・ゲームの時間管理でもうまくいかない子の中には、すでに依存レベルに達している子がいるかもしれません。こうなると、本人一人の努力で改善することは難しく、医療機関への受診を勧める必要があります。

　とはいえ、そうなる前に、やはり子どもがネットやゲームをしている家庭での予防が肝心なので、保護者にも協力してもらう基本的な対策を紹介します。

　1．スマホやゲーム機の使い方を親子で相談し、原則、貸し出しとする

　2．使う時間、場所を制限する

　3．睡眠時間、ネット・ゲームの時間を記録する

　4．運動など、他に達成感が得られる活動を増やす

5．ゲームで忘れたいマイナスの感情があるかどうか、あればそれを理解し、
　　傾聴する
　　感情などの自己開示は「ちょこっとチャット」が活用できます（144頁参照）

　まだ自己コントロール力が発展途上の子どもに、大人の介入なく、ネットや
ゲームの使用を任せるのは、NG です。1～3のようなルールを話し合いに基
づき設定することが必要です。ただ、そのようなルールの効果が期待できない
ほど、すでに依存気味になっている子には、4のようなスポーツや他の趣味な
ど、ゲーム以外で達成感を得られる工夫をしましょう。
　依存レベルに進むと、本人が止めたくても止められない状態です。本人との
話し合いや改善の工夫をすることなく、ただ叱るだけでは効果がまったくあり
ません。事例のような「本人に黙ってゲームを捨てる」ような対応は、子ども
の反発を招く原因にもなり、親子関係を長期的に悪化させます。
　特に、オンラインゲームでつながっている友人関係だけが居場所である場合
は、自傷行為など、より深刻な事態にもつながりかねませんので、とても危険
な対応です。実は、ゲーム依存は他のストレスへの対処であるケースが多く、
もし子どもから「ゲームをしているときだけ嫌なことを思い出さないですむか
ら」という言葉を聞いたら、即座に心理士と連携しなければなりません。こう
いう子は、虐待やネグレクトなど、家庭環境にまつわるなんらかのトラウマを
抱えている可能性がありますので、心理ケアの専門家の対応が必要です。
　依存度がかなり進行しており、家庭内暴力や長期の欠席の原因になっている
ときは、ネット・ゲーム依存外来の受診を検討してもらいましょう。最近では、
効果が高く再発の可能性が抑えられる入院治療プログラムもあります。

参考資料 ─────────────

インターネット依存・ゲーム障害治療施設リスト（2020年版）

https://kurihama.hosp.go.jp/hospital/net_list.html

東京医科歯科大学精神科　ネット依存外来　治療プログラム

https://www.tmd.ac.jp/med/psyc/hosp/hosp_subspe/hospital_subspecial_netdepend/
　　hospital_subspecial_netdepend.html

⑥ 親子関係（不適切な養育、虐待にあっている）

　親子関係（養育者と子どもの関係）のキーワードは、健全な愛着（アタッチメント）の形成です。愛着とは「特定の人との情緒的な絆」のことを指します。虐待やネグレクトで主たる養育者である親との間で適切な愛着関係がつくられなかった場合、愛着障害と診断されることがあります。愛着障害を抱える子の行動は、一見すると発達障害の行動と類似し、発達障害と誤診されることも多くあります。愛着障害にはいくつか種類があります。

　1．反応性アタッチメント（愛着）障害
　　・養育者へ安心や慰めを求めるために抱きついたり、泣きついたりすることがほとんどない

・笑顔が見られず、無表情なことが多い

・他の子どもに興味を示さない、交流しようとしない　など

２．脱抑制型愛着障害

・ほとんど知らない人に対してもなんのためらいもなく近づく

・知らない大人に抱きつき、慰めを求める

・落ち着きがなく、乱暴　など

虐待には、以下の４つのタイプがあります。

身体的虐待：殴る、蹴るなど身体的な暴力を行う。

心理的虐待：「ばか」「お前なんかはいらない」といった、言葉の暴力を行う。

性的虐待：子どもに対して性的な行為を見せたり、行う。

ネグレクト：子どもの心身の健康な成長・発達に必要な世話・対応をしない。

近年では、**教育虐待**も見過ごせません。これは、保護者や教師が熱心になりすぎて、子ども本人の能力に合わない難しすぎる課題を与えたり、成功させようと過度なプレッシャーをかけたり、失敗に不寛容であることをいいます。

NG 対応：一方的な叱責

担任は、小６のＦ君の宿題をやらない、遅刻する、授業に集中せず反抗的な態度をとるなどの行動に対して、繰り返し指導してきました。しかし、一向に改善せず、それどころか悪化の一途をたどり、叱責の回数はますます増えていきます。担任が、どうして宿題をやらないのか、話を聴く時間をとってもＦ

君は何も話さず、かえって担任を怒らせるような行動をエスカレートさせ、遅刻だけでなく、無断欠席も増えるようになりました。一方、学校に来た日は他のクラスの教師に、年齢不相応に甘えるような振る舞いもみられ、担任はその行動の無軌道さから「もしかしたら、彼はADHDかもしれない」と思うこともあり、自分のクラスの子なのでなんとか支援をしたいものの、何から始めたらいいのか、わからない状態になっていました。

その後の対応

担任なりにいろいろ手を尽くしたものの、本心を話してくれる様子が見られなかったので、F君本人に「学校には私の他にも、保健室の先生や、カウンセラーの先生など、困ったことがあったら聞いてくれ

る人がいるよ」と伝えてみた。その後、F君は保健室で養護教諭に相談し、そこで父親がリストラされ再就職が難しく、家でお酒を飲んで

家族に暴力をふるっていることがわかった。担任は SC に今後の対応を相談した。家庭環境とクラスでの状況を話すと、「ADHD に似ているけど、もしかしたら愛着障害があるかもしれない」ということであった。併せて、SSW を交えてケース会議をすることを提案された。当面 F 君の「安全基地」は養護教諭に任せ、ケース会議では、支援の緊急度の検討と今後の目標、役割分担を話し合った。

　F 君のように、家庭で暴力をふるわれている場合、いつ被害にあうかわからず、安心・安全を感じられないため、熟睡できないこともあるでしょう。本人の恐怖心がどのレベルかなど、まずは困っていることを、誰でもいいので誰かに話せる環境を整えることが大切です。その際、本人から聴いた話をどういう関係者に話してもいいのか、本人の意思を確かめ尊重し、別の人と情報共有する場合は本人に許可を得ましょう。ただしストレスレベルが、自殺企図や人に危害を与えるほどのときは、一刻も早く対応する必要があります。

　先述のとおり、愛着障害の状態像は、発達障害に似ていることがあります。多動が出たり（ADHD）、人とのコミュニケーションが難しい（ASD）という具合です。発達障害の診断名がついた子の中には、実はかなりの割合で愛着障害の子が含まれていると考えるドクターもいます。そこで、発達障害か愛着障害かを見極めるポイントとして、マズローの欲求の階層をチェックすることをお勧めします。食事、睡眠、安全、居場所の欲求は満たされているか、確認しましょう。担任、養護教諭、SC などと連携して、心と体の安全度を確認したうえで、支援の緊急性のチェックが重要となります。

　また、愛着の問題が親からの虐待に起因する場合、親自身へのサポートも必

要となります。SSW は親の話に傾聴しながら、福祉的支援により現実的な不安を取り除いていくことが求められます。親自身のストレスを軽減させることができたら、虐待が収まることもあるでしょう。いずれにしても、虐待が疑われたら、教員一人では対応が難しいほど、なすべきことが広範囲に亘るので、一人で頑張らずに早めに SC や SSW につなげましょう。

⑦ 気分が不安定（人が怖い、うつっぽい）

　思春期はさまざまな精神疾患が発症しやすい時期として知られています。192の疫学研究を統合した大規模なメタ解析によれば、以下の図のように思春期がピークになっている疾患が多数あります。

「精神疾患の発症年齢」192の疫学研究の大規模メタ解析

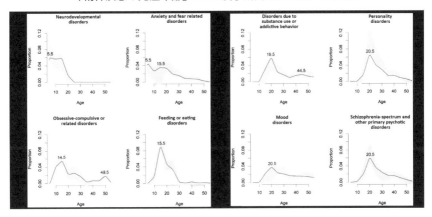

Marco Solmi, Joaquim Radua, Miriam Olivola, et al.
Age at onset of mental disorders worldwide: large-scale meta-analysis of 192 epidemiological studies
Molecular Psychiatry volume 27, pages281–295（2022）Cite this article

たとえば、摂食障害の発症時期のピークは15.5歳です。体重の大幅な減少など、疾患の兆候が顕著になっても、ストレスマネジメントができない状態が続くと、その他の不安障害なども併発することが多くなります。「このくらいのストレスは誰にでもある」と過剰適応していると、一見何の問題もない状態から、急激にバランスを崩すこともあるので注意が必要です。精神疾患の種類によっては、統合失調症などのように、即座に医療機関との連携が必要になるものもあるので、教師は日ごろから、子どものストレスレベルをチェックする習慣をもち、何かあった場合の連携先をリストアップしておきましょう。場合によっては、登校より治療が優先されることも、念頭に置いておいてください。

また、女性に特に配慮が必要なのは、生理がスタートするとPMSやPMDDで気分が不安定になることです。ここでのサポートが自己肯定感を支える上でもとても大切です。

・PMS（月経前症候群）月経前の3〜10日間続く精神的・身体的症状
・PMDD（月経前不快気分障害）感覚過敏や不安、イライラ抑うつなど。
　特に神経症状が強くなる状態

NG対応：根拠のない登校刺激

ある日担任は、ふだん、クラスでは控えめなGさんからかなりイライラした感じで、「先生、どうして毎日学校に来なくてはいけないのですか？」と聞かれました。担任は多少言葉に詰まったものの、「先生も毎日来るのはしんどいときもあるけど、みんなに会えるから頑張っているよ」と答え、彼女の問いかけを、「思春期特有の悩み」を自分から発信した、ポジティブなことなのだ

と、前向きにとらえました。しかし、Gさんは翌日から突然学校に来なくなり、放課後、家庭に電話してみると「一日中食欲もなく、昨日は一睡もしていない」と母親から伝えられます。担任は、その次の日、家庭訪問をして、彼女の様子を窺いましたが、母親からは「「学校には私の味方はいないので行かない」と言っている」とだけ告げられ、電話もかけてこないでほしいとのことでした。

その後の対応

　それから担任は、「いつも元気でいないといけないのだろうか」「学校を休むことは問題なのだろうか」と自問自答し、「ありのままでOK、困ったらいつでも相談していい」、というクラスづくりを心がけるようになった。そうしているうちに、自分のクラスの男子生徒が元気のない様子で、ときどき職員室の前に立っているのに気がついた。声がけをしたところ、「クラスメイトが怖い、人間であることが辛

い」と言った。担任はすぐに連絡帳にこれを書き「疲れているような
ので、家であまり怒らないようにしてあげてください。本人が休みた
いときは無理をさせないでください」と保護者に伝えた。保護者はそ
のアドバイスを受けて、本人の気持ちを尊重し、週の半分くらいを休
ませた。彼は学校に来たある日、職員室の前にいて、担任に自分から
声をかけてきた。「先生が「学校を休むのは、自分を大切にする練
習」と連絡帳に書いてくれたので、気が楽になりました」と話した。
不登校になってしまったＧさんについては、保護者にどのくらいの
頻度で連絡をしていいか相談し、学校に来てほしいとは言わず、ただ
見守っていることが伝わるようにした。

　子どもの鬱の場合はやる気がなくなるだけではなく、イライラした態度を示
すことがあります。表面的な行動だけにとらわれず、しっかり本当の思いを聴
き、それを学校と家庭が共有することが大切です。また、不登校の子を支援す
るとき、良かれと思い担任が時間外に毎日、授業のプリントや宿題を持って家
庭訪問することがあります。ところが、子どもにとってはこれが大きな心理的
負担になっていることもあります。学校からの「登校刺激」や「安否確認」が
本人の負担になっていないか、実際のところを保護者に確認しましょう。

　あるいは、担任であったとしても、先生と生徒の相性が悪いということもあ
ります。家庭訪問をする場合、養護教諭やSC、あるいは本人と信頼関係のあ
る他の教員が行うことも検討してみましょう。

　学校に行かせることを目標にするのではなく、まず本人の安心・安全を確保
することが先決で、それができてから、本人の話に耳を傾けてを聴く姿勢をと

ることが重要なのです。

⑧ 発達障害

　不登校という状態を示す子どものなかでも、とりわけ発達障害の子たちの割合がきわめて高いことが、多くの調査で報告されています。「特別支援教育を推進するための制度の在り方について」（中央教育審議会、2005）でも、発達障害児童生徒の不登校問題が指摘され、学校全体で特別支援教育を推進する必要性が訴えられています。では、発達障害のある子はなぜ不登校になることが多いのでしょうか？　代表的なパターンには、以下のようなものがあります。

ADHD：学校に行きたくても覚醒の問題や実行機能不全による遅刻、不注意・
　　　　衝動的な行為による叱責や友人とのトラブル
ASD：感覚過敏や集団行動の困難さ、コミュニケーションのトラブルによる
　　　いじめ
LD：勉強がわからない、宿題ができないことからの自信喪失やいじめ
DCD：不器用さ、運動が苦手なことによるいじめ

　これらに共通していえることは、本人へのサポートがうまくいっていなかったことによる、二次的な要因で不登校が起きているということです。視力を補うために眼鏡をかけるのは当たり前ですが、今では眼鏡をかけている子がいじめられることはほとんどありません。特別支援教育も、本質的には眼鏡と同じ役割であるはずです。発達系の子の不登校予防は、なによりも合理的配慮なのです。

NG対応：一見、NGには見えないことも

中1のASDのあるH君が急に学校に来なくなりました。担任には全く理由がわかりませんでした。授業では見通しをもてるような工夫をし、指示も視覚的な方法で出していて、感覚過敏で詰襟の制服が着られないということだったので体操服で授業を受けてもよいなど、合理的配慮も実施していました。ただ思い当たるのは、GW後、担任が担当する国語の授業で、クラス全体が「ダレた感じ」になっていて、H君の隣のグループの子たちが騒いでいたので「やる気がないなら、明日から学校に来なくていい」と、思わず怒鳴ったことくらいです。思い出すとあのときH君は不思議な行動をとっていて、授業が終わっても席から立たず、しばらくじっとしていました。

その後の対応

家庭に電話し、保護者にH君の家での様子を聞いたところ、「「明日から学校に来なくていい」と先生に言われたので行かない」と言っているとのこと。ASDのある子は、言葉を字義通りに受け取る傾向があるため、指導上の言葉遣いには注意が必要であると研修で学んだが、このことかと気づき、「本心ではなくとも不適切な言葉を発してしまった」と保護者に謝罪。本人にも謝ろうとしたが「先生が怖いから話したくない」とのことで、電話には出なかった。SCに対応を相談したところ、ASDタイプは大きな声が苦手で、自他の区別がつきにくいこともあり、自分以外の人が叱責されても自分が怒られたのと同じような恐怖心を感じることもあるとのことで、家庭訪問や電話は少し控えた方がいいかもしれないとアドバイスされたので、H君を励

まそうと毎日家庭訪問するつもりだったが、それはやめることにした。

　発達障害に関する研修は先生方も受けていると思いますが、特性をよく理解した上で対応をしないと、思わぬところで不登校のきっかけをつくることになります。「他の子には大丈夫」と思うことでも、もしかすると特性のある子にはつらいことだったり、他の子も嫌だと言わないだけかもしれません。特にASDタイプの子は、何が不安でどうしたら安心・安全を感じられるか、自分で伝えることが難しい子もいて、個性によっても嫌なことが違うので、保護者から情報を得て、学校で共有しましょう。

　ADHDタイプは、本人なりに頑張っていても朝起きられない、遅刻する、宿題が終わらない、提出物を忘れるなど、わかりやすいミスをしやすい特性があります。対人関係でも、悪気はないものの、「内緒にしてね」と言われていたことをうっかり忘れて喋ってしまったり、約束をすっかり忘れて待ち合わせ

をすっぽかしたり、行き違いも多く、人から叱られることが多いので、自尊感情を低下させないよう配慮が必要です。このタイプも強い叱責は苦手で、先生や学校が嫌になり突然「やる気スイッチ」がオフになって学校に来なくなることがあります。ADHDタイプの子は自分からよく話す子が多いので、まず本人の話を聴いて、表面的な問題を指摘するのではなく、ADHD特性に配慮した対応をすることが大切です。

また、ASDとADHDの両方を持っているにもかかわらず、ADHDのみ診断されて、ASDの特性に気づかれない場合もあります。特に知的能力が高い子の場合は、カモフラージュして、過剰適応を続けることがあります。本来なら配慮が必要なのに、支援がなく無理をして〈有害なストレス〉状態にあると、心身ともに疲弊していき、周りが気づかないうちに、ある日突然、不登校になるかも知れません。

先生が配慮が必要だと感じることが少しでもあれば、診断名にとらわれず、対応を早めにすることで、不登校を予防が可能なのです。

⑨ LGBTQ＋

LGBTQは、異性愛以外の性的指向や性自認を表現しています。2019年5月のWHOの総会で、性同一性障害と呼ばれていた状態は「病気」や「障害」ではないと宣言されました。これは、文部科学省でも通達を出しており、適切な理解と支援が学校現場で求められます。

L：レズビアン（Lesbian）：女性同性愛者
G：ゲイ（Gay）：男性同性愛者

B：バイセクシャル（Bisexual）：両性愛者（異性や同性の両方に興味や愛情を抱く人々）

T：トランスジェンダー（Transgender）：性指向が生まれつきの生物学的な性別と一致しない人々

Q：クエスチョニング（Questioning）：性的指向を特定していない人々

　LGBTQ は、自分の体の性と自分本来の性が一致していないと感じるのは、早くて学童期まえからあると当事者の人は語ります。思春期はとくに体の性的特徴に違和感をクリアに感じることが多いので、フォローが大切です。そうでない人と比べていじめや孤立、うつなどのリスクが高いとされています。支援団体が LGBTQ についての理解を深めるために教材を提供しています。

LGBTQ 支援団体　認定 NPO 法人 ReBit　https://www.rebitlgbt.org/

　上記で LGBTQ の解説をしましたが、ほかに「性分化疾患」があります。性分化疾患とは、染色体や性腺、外性器の形状や、女性の子宮の有無など、体の性の発達が先天的に非定型である女性（female）、男性（male）の体の状態を指す医学的な用語です。一般的には LGBTQ と混同されやすいですが、最近では「DSDs：Differences of Sex Development：体の性のさまざまな発達」と呼ばれ、DSDs は、性的指向や性自認の問題とは別であると考えられています。

　DSDs は多様で複雑な疾患であり、約30種類以上の状態があるといわれています。背景には染色体の違い、性器の発達・発生の問題などさまざまな原因や

症状が関与しています。

　DSDs は、体の状態、個人の症例に合わせて専門の医療チームによる診断とケアが必要です。たとえば思春期に、女性に生まれ育った人でも生理がないということから、女性の DSDs であることがわかったりします。

　「男でも女でもない第 3 の性」「男性・女性両方の特徴を持った人」「中間の性」などという偏見や誤解は当事者やその家族を傷つけ、自殺の可能性を高める危険性があるため、学校現場などではまず DSDs について正確な情報を入手することが必要です。このようなお子さんがいる場合は、専門家のアドバイスをしっかり聞いて、本人や家族を不必要に傷つけないように注意しましょう。

参考：日本性分化疾患患者家族会連絡会ネクス DSD ジャパンのホームページ
https://www.nexdsd.com/

NG 対応：問題に気づかずスルーしてしまう

　中 2 の I さんは、ボーイッシュで学業、友人関係、生徒会、部活など学校のあらゆる活動に積極的で、全く問題がみられませんでしたが、3 学期になり、女子のグループから外れていくという出来事がありました。やがて、「具合が悪いので学校に行きたくない」と親にもらすようになり、「どこも悪くないなら学校に行きなさい」と父親が厳しく叱責すると、ものを投げつけるという相談が母親からありました。たしかに、女子のグループで話題が合わず、なじめない印象はあったものの、スポーツも勉強もよくできており、授業中の様子にも全く問題がないので、担任は特に介入はしていませんでした。しかし、ある

日を境にジャージ姿で授業を受けるようになったので、きちんと制服を着るように何度か注意してから、欠席が増えてきました。

その後の対応

　担任は、保健室の先生など、話しやすい人に相談することを勧めた。Iさんはすぐに養護教諭に相談し、後から聞くと、「最近体つきの変化が気になる」「制服のスカートをはきたくない」「友人がみんなある生理がないのを気にしている」など、ジェンダーの悩みを抱えていることがわかった。相談はSCに移行して継続、LGBTQの理解と対応がどの程度必要か、学校レベルでできること、クラスレベルでできることを検討した。学校としてはまず、制服のスカートは自由にする方向で調整をした。しかし、Iさんの通学区域では、女子は全員スカートを履くという規則で例外を受け入れていなかったので、担任は校内

の管理職にかけあい教育委員会に相談し、市内全域で入学時に制服を
　選択できるよう規則を変更してもらい、生徒の選択に関するいじめの
　予防を徹底するよう求めた。
　　また、更衣室をみんなで使うのが苦痛ということで、保健室で着替
　えをしていいことにしたら、安心したようだった。

　LGBTQについては、学校全体での取り組みが求められます。いじめが起き
ないように──LGBTQにかかわらず──いろいろなタイプの人がいるという
ことを**人権教育**の中で伝え、制服も選択できるといった安心できる環境づくり
をしっかりすることが重要です。もし、カミングアウトしたいと本人が言った
場合、LGBTQの講義を教師以外の専門家を招いて行うのもよいでしょう。ど
の範囲に伝えるのかは、本人の希望を尊重しましょう。プールや体育の着替え
など日常生活でストレスがかからないように、まず本人の意向をじっくり傾聴
し、学校やクラスで何ができるか、保護者を含めて話し合うといいでしょう。
　また、ジェンダーの悩みがどのレベルでメンタルに影響を与えているかも、
人によって異なります。制服の選択だけで安心できるのか、親子関係はどうか、
必要に応じてSC経由で、あるいは外部の心理職・専門医にリファーすること
が有効な場合もあります。LGBTQの理解はようやく始まりつつあるところで
あるとはいえ、学校側が正しい情報を収集していないと、生徒本人の生きづら
さに大人が気づかないまま、〈有害なストレス〉状態をエスカレートさせかね
ません。
　思春期には、このような自分の存在にまつわるあらゆる悩みが生まれますが、
いじめの対象にならないよう「カモフラージュ」という形をとり、本当の自分

を偽ることがあります。ただ、これは一時的な対応なので、徐々に集団に合わせるのが辛くなってくることが、中学以降に起こりやすいです。こうした本当の自分を抑圧することが限界になると、体調不良という形で表面化しますが、それに親や教師が気づかないと、不登校につながることもあります。この場合、不登校の方がその子にとってよいこともあります。

⑩ 2E（発達障害＋ギフテッド）

【2E（twice-exceptional）】とは、発達障害とギフテッドを併せ持っている状態です。ギフテッド教育は、2023年度から文部科学省で予算化されました。しかし、ギフテッドの定義はまだ日本では明確でないので、アメリカで定義されている 6 項目を紹介します。

1．知性：WISC や WAIS などの知能検査で IQ130以上
2．芸術性
3．特定の学問
4．運動能力
5．創造性
6．リーダーシップ
　（全米 Gifted & Talented Society）

ギフテッドの子は「浮きこぼれ」と言われるように、一斉授業での課題が簡単すぎてストレスを感じたり、高い能力からいじめの標的にされたりすることがあります。ギフテッドへのいじめで最近有名になったのは、台湾でのコロナ

対策で脚光を浴びた、オードリー・タンさんのカミングアウトでしょう。また、得意なことと苦手なことに大きな差がある子の場合、苦手なことの失敗ばかり指摘すると、セルフエスティームが低下し、持っている能力を発揮できなくなります。したがって、その子の才能をこわさないよう、特別支援の方法でサポートすることが大切になります。

NG対応：他の子と同じようにさせる

　小2のJ君は、授業中「つまらない！」と大声を出し、立ち歩き、注意するとさらに態度が悪くなります。特に漢字の書き取り練習では、「なんでこんなことやらないといけないの！」「意味ない！」と、反抗的な態度をとります。音楽の時間は耳を塞いで教室から飛び出すことが多く、その度に注意しましたが、パニックになることもありました。一斉授業や集団での行動がうまくいかず、そのうち休みがちになり、学校に来ても授業中違うことをしていたり、質問をたくさんして授業妨害のような感じになります。注意しても一向に改善しません。保護者に情緒障害のクラスへの転籍を勧めると、「家では問題がありません」と怒り出し、担任としては困っています。

その後の対応

　担任はSCに相談し、保護者の許可を得て、知能検査のWISCをはじめいくつかの心理テストを受けてもらった。すると、何とIQが130もあり、ギフテッドであることがわかった（この数値は、全人口の2％の人だけである）。一方、コミュニケーション面で非言語メッセージの理解が苦手で、指示があいまいだとわからない可能性がある

ということだった。担任は SC から、J君が学校で過ごしやすくする

ために、レベルにあった課題に変えると
いいとアドバイスをもらったので、すでに覚
えている漢字の練習を無理やりさせずに、
漢検の勉強していいということにした。そ
の結果、国語の授業中、集中して漢検に取
り組み、問題行動が激減したので、その他
の教科も高いレベルの課題に変えた。J君
は聴覚記憶がとりわけ秀でていて、何度か
音声で聞いただけで、教科書の内容はすべ
て暗記ができ、意味がわからなくとも英語
の歌をすぐに覚え、なおかつ音程も正確に
歌う能力があることもわかり、その才能を
学校外で音楽スクールに通うなどの方法で、
さらに伸ばしてあげることを保護者に提案
した。

　このような場合は、必要に応じて子どもに心理テストを受けてもらい、心理
士から能力のアンバランスについて解説してもらいましょう。また、二次障害
が悪化する前に、病院の受診をすると、有効なアドバイスをもらえる場合があ
ります。

　学校教育の場では、どうしても苦手なところのトレーニングに力を入れがち
ですが、2E の子の場合は、いいところを見つけ、引き出し、学校でその能力

を使って活躍できる場を提供し、本人のセルフエスティームを高める支援が重要です。たとえ引き出すことはできなくても、せめて潰すことのないように心がけていただきたいと思います。ギフテッドにも「できるのに、できないふりをしていじめを避ける」という形での、カモフラージュが存在するのは大変悲しいことです。

　2E が見落とされがちになる、３つのパターンがあります。

　　１．障害は気づかれるが才能は気づかれない
　　２．才能は気づかれるが障害は気づかれない
　　３．平均的に見えて、才能も障害も気づかれない
　　　（Baum & Owen, 2004）

　１つ目の「才能に気づかれない」パターンの子は、特別支援学級にかなりいるのではないかと感じる先生も多いでしょう。かんしゃくがひどく行動も激しいことから、発達障害の診断名がついているものの、実はギフテッドであるような子には、本書の2章で説明しているポリヴェーガル理論を活用し、安心・安全を感じることができるような環境をつくってあげましょう。環境が整ったら、その子の能力にあった課題を与えることで、ストレス反応が激減することがあります。

　２つ目と３つ目のパターンの子は、その子の居場所をつくるような、ちょっとした工夫で不登校を予防することが可能です。たとえば、帰国子女で、英語の先生より発音が良い生徒がいたとしましょう。これもよくあることですが、そのままにしておくと「あいつちょっと発音いいから調子に乗って……」と、

いじめの標的になる可能性があります。そこで、「先生より上手なので読んでもらいましょう」という感じで、授業のサポート役を与えてあげることで、本人はみんなの役に立っていると感じられます。他の子たちにも同様に、本人に合った役割を提供すると、クラスで自然に助け合いの雰囲気が生まれます。それぞれが得意なことでみんなに貢献する、苦手なことは助け合う。これは、社会に出てからも大切なことなので、学校でこそ教えるべき重要な課題なのです。

⑪ 勉強遅れ

　勉強遅れの原因はさまざまありますが、大切なのはその背景を考えることです。宿題を与える、個別指導で単に頑張らせることでうまくいくケースばかりではないことを理解しましょう。代表的な要因に、LD（学習症）と軽度知的症があります。

　LD は知能全般に問題がなくても、6 つの能力（聞く、話す、読む、書く、計算する、推論する）の 1 つ以上に課題がある状態のことです。子どもたちの困難さはさまざまで一概には言えませんが、脳の情報処理や視機能、手と目の協調運動の不具合などが原因の可能性があります。

NG 対応

　小 2 の K 君は宿題をやってこないので、保護者にしっかり宿題をやるように連絡帳にアドバイスを書いた。すると親から、子どもが宿題が難しいと言っているという話があった。小 2 のレベルはそんなに難しくなく、繰り返しやればできるはずなので、家庭学習で学習の習慣をつけることが重要と伝えた。その後、朝あくびをしていることが多くなり、宿題を出した翌日は休みがちに

なっていった。

その後の対応

　朝、あくびをしていることが多くなったので、保護者に話を聴いて
みると、毎日親子げんかをしながら夜遅くまで宿題をやらせて寝不足
になっているということだった。漢字を10回書く宿題をやっても、翌
日の小テストの結果に反映されないこともわかってきた。Ｋ君のレベ
ルにあった宿題に変え、宿題をやったことを翌日褒めるようにすると、
笑顔が戻ってきた。親からも自分でできる量の宿題になったので、親
子のバトルがなくなり、叱責しなくなったので、子どもが安定してき
たとのこと。また、夜中まで宿題をやらせていたので睡眠時間が十分
とれていなかったが、親子で睡眠がとれるようになった効果もあるよ
うだと感謝された。

　宿題がその子に合っているか確認をせず、一律に同じ量と質の宿題を出すこ
とは、学校嫌いの原因を作ることになります。不登校どころか、２学期直前の
自殺を考える要因の一つに、夏休みの宿題が終わらないということもあります。
教育の基本は、その子のレベルに合った課題を与えることです。特に診断名は
なくても、宿題の内容をその子が達成感が得られ、短時間でできるものに変え、
できたらしっかり家庭と学校で褒めることで、宿題が大好きになり、学校にも
元気に通えるようになった子もいます。文部科学省も「個別最適化」を推奨し
ています。授業に個人用のタブレットを導入できる時代になっているので、一
人ひとりに合った課題の設定を可能にする条件は整いつつあります。こうした

対応は、一年でも早くすることが重要です。小学校で勉強がわからなくなると、かなりセルフエスティームが低下した状態で中学校に入学するので、早期からの対応が大切です。

　保護者にとって、家庭学習が大きなストレスになって叱責につながっていないか、虐待防止の観点も必要です。必要に応じて、SC や SSW と連携しましょう。特にシングルマザーになるとヤングケアラー予備軍になる可能性があるので、同じ課題を出してそのチェックに終始するのではなく、勉強の遅れの背景分析こそ、重要な教師の仕事と考えましょう。離婚問題、家族の死別など勉強する意欲がなくなる体験が背景にある場合もあります。

⑫ その他／日本の学校教育に合わない、非行など

・集団行動を重視する

・一斉授業

・同じ目標、同じ教え方をする

・クリエイティビティの活動は歓迎されない

・自分の意見を言う、質問をするのが難しい

・「違う」ということに対しての許容範囲が狭い（いじめや排除につながる）

・本人の能力にあっていなくても必ずやるように指導する

　不登校の原因が、上記のような、典型的な戦後の日本の学校やこれらの価値観を大切にしている先生と合わないだけということはないでしょうか？

　これまでの分類以外にも、いろいろな原因により不登校になる場合もあります。例えば非行型ですが、日本の学校教育に合わないタイプを含め、これまで

に解説した12のタイプのいくつかが原因で、非行化するということはないでしょうか？少年院に行くことになってしまった背景、例えば軽度の知的症、家族での問題、いじめ等を考えると、表面上の非行だけ注意していたのでは問題解決にならないことがよくわかります。

NG 対応

　Lさんは能力はかなりあるが、なぜか学校で<u>集団行動からはずれがちになる。</u>本人の将来を考えていろいろ基本的な指導をするが、うまくいかない。<u>何気ない言葉がけに反応し</u>、とてもデリケートな感じを受ける。親からはいくつか要望があったが、例外を認めるとクラスの統制が取れなくなるので、一人だけ例外を認めることはできないと答えた。徐々に学校に来なくなったが、自分としては当たり前の指導をしただけで、何が問題なのかもわからない。

> ### その後の対応
> 　朝迎えに来てくれる友だちがいて、学年が変わり、担任が変わったら、問題なく学校に行けるようになった。その後不登校はなく、授業で学んだ東南アジアに興味を持って、JICA に参加する夢に向かって教師になる目標を立てた。

　「うきこぼれ」という言葉があるように、能力があってもそれを引き出し育てる環境がないという悲しい実態が日本の教育現場にはあります。日本の学校で不適応を起こしたからといってダメ人間ではないという事実を、私たちはしっかり理解する必要があります。

不適応というストレス反応を問題行動と受け取らず、SOS のサインと見ることが大切です。有害なストレス状態で過剰適応するより、学校を休む方がいいという選択肢もあるかもしれません。日本の教育に限らず、親子関係も同じで、何か1つのやり方を絶対視し強制すると、それに合わない子が出てくることは明らかです。

　クラスにはさまざまな子どもがいるということを前提に、同じ目標設定をし、同じ課題を与え、同じ教え方をしない。そしてそのことによってクラス内でいじめや差別が起こらない状態を作ることが大切です。一斉授業は日本の教育の特徴といわれますが、戦前の寺子屋はその子のレベルやニーズに合ったものを提供していました。GHQ により一斉教育を実施することになりましたが、アメリカでは一斉教育をあまり推奨せず、インクルージョンの中で違う課題をやる生徒がいるのが常識で、教師中心でなく、生徒中心の学びの場になっています。日本の教育では当然とされていることが、日本以外の国では違うことがあるのです。

　先生向けの講演会で「人にはそれぞれ大なり小なりアンバランスがあるので、得意なことを伸ばして人の役に立つように、そして頑張っても難しいことは SOS を求める。全員に同じことを頑張らせるのではなく、違いを認めて得意な子が苦手な子を助けるクラス作りが理想だと思います」とお話したところ、主催者の教育委員会の指導主事の方が、「自分は先輩から「得意なことは普通に頑張る、苦手なことは2倍頑張らせて、全員できるようにする。それが教師の仕事だ」と指導を受け実践してきた。今日の話は衝撃的で、自分の指導にあ

わなかった子どもたちもたくさんいたことを痛感した。これからは苦手なこと
をお互いに手伝えるクラスになる支援に変えていきたい」とお話されたことが
とても印象に残っています。読者の方も一度、この本を読みながら、ご自分の
体験を振り返る時間を持って頂ければと思います。

参考文献 ———————

・『不登校は9タイプ：教室復帰の7ステージと不登校の抱える6つの不安心理の説明書』不登校研究所　2017年
・Hull, L., Mandy, W., Lai, M.-C., Baron-Cohen, S., Allison, C., Smith, P., & Petrides, K. V. (2019). Development and validation of the Camouflaging Autistic Traits Questionnaire (CAT-Q). Journal of Autism and Developmental Disorders, 49 (3), 819–833. https://doi.org/10.1007/s10803-018-3792-6
・「「発達障害と睡眠困難」に関する研究の動向と課題」『東京学芸大学紀要　総合教育科学系Ⅱ』第69巻2号　柴田真緒・髙橋智　2018年
・「身体症状を呈する登校障害児の症候学的検討」『自律神経』第59巻1号　横田俊平・黒岩義之　2022年
・やる気スイッチをON!　実行機能をアップする37のワーク　高山恵子　合同出版　2019年
・オールカラーで、まんがでわかる!　子どものよさを引き出し、個性を伸ばす『教室支援』高山恵子　小学館　2020年
・Solmi, M., Radua, J., Olivola, M., Croce, E., Soardo, L., de Pablo, G. S., Il Shin, J., Kirkbride, J. B., Jones, P., Kim, J. H., Kim, J. Y., Carvalho, A. F., Seeman, M. V., Correll, C. U., & Fusar-Poli, P. (2022). Age at onset of mental disorders worldwide: Large-scale meta-analysis of 192 epidemiological studies. Molecular Psychiatry, 27 (1), 281–295. https://doi.org/10.1038/s41380-021-01161-7
・『自閉症スペクトラム 10人に1人が抱える「生きづらさ」の正体』(SB新書) 本田秀夫　2013年
・2E 得意なこと苦手なことが極端なきみへ：発達障害・その才能の見つけ方、活かし方　高山恵子　合同出版　2021年
・Baum, S. M. & Owen, S. V. (2004) To be gifted & learning disabled: Strategies for helping bright students with LD, ADHD, and more. Mansfield Center, CT: Creative Learning Press.

創造性を抹消しないように

　いま、発達障害と併せて支援の必要性が注目されているのが、「ギフテッド」です。

　私はある教員養成大学で、学生にこんな質問をしたことがあります。「皆さんが授業で出した指示どおりに作業できなかった生徒がいます。そのとき、どんな原因があるか、対策とともに書き出してみましょう」

　皆様はどんなことを感じたでしょうか。実は、クリエイティブな子どもは、先生の指示とは全然関係ないことをするのです。このとき、「指示を聞いていない」ととらえるか、あるいは「これはギフテッドだ」と思い、力を伸ばすようなかかわりをするか。このような能力の支援も教育の範疇だと思うのですが、いかがでしょうか。

　指示通りにやらない＝クリエイティブという発想は、現状の日本の教育ではまだ難しいことかもしれません。なぜなら、先生方ご自身が、小学校から大学の教育学部に至るまで、「指示どおりにすること」がベストだという教育を受けているからです。

　それを表すようなエピソードが、同じ教育系大学でありました。ある学生さんが教育実習で動物園に行き、「見たものを１つ粘土で作りなさい」という指示を子どもに出したところ、３つ作った子がいたそうです。その学生さんは『「１つ作って」と指示したでしょう』と叱ってしまいました。先生の授業を聴いて、『３つも作ってすごいね』と褒めればよかったと思いました」と感想を述べました。「１つ

作れと言ったら1つだけしか作ってはいけない」、これは従来の教育の考え方です。一方アメリカでは、先生の指示以上のことをやったとき、大いに称賛されます。ギフテッド教育では、先生方がいかに従来の考え方から自由になれるか、先生方のクリエイティビティが試されます。

　また、学校で学ばないことを探求することも、時として問題とみなされます。能力の高い子には、学校ではお子さんの能力にあったことを提供できないけど、可能なら外部機関（スポーツクラブ、美術教室、塾、オンライン講座など）で伸ばすといいと親に伝えましょう。海外の2E のオンラインプログラムなどもあります。

コラム

ちょこっとチャットを使った安心・安全なコミュニケーション

　不登校になってしまった子ども、またその保護者からの聴き取りには、傾聴が大切です。傾聴することは難しいと思われる先生もいらっしゃるかもしれませんが、「ちょこっとチャット」というコミュニケーション教材があります。このカードの「評価しないで聴く」という基本ルールを実践することで、傾聴すること・傾聴してもらうことが体感できます。

　教育相談やセラピーなど、傾聴のスタンスを保ち、子どもと信頼関係を築くためのやりとりでぜひ使っていただきたい教材です。人権教育などで傾聴やコミュニケーションを学んだり、安心安全なクラスづくりのために使っていだいてもいいでしょう。相談業務や特別支援学級などですでに使われています。支援者の研修や保護者会のアイスブレーキングとしても有効です。

「園児・小学生」「中高大学生」「就労」「親」用の４種類あります

　ルールは簡単です。クラスでいくつかグループをつくって、メンバーが順番にカードを引きます。カードにはいろいろな質問が書かれています。たとえば「あなたの好きな芸能人は誰ですか？　それはなぜですか？」などです。カードを引いた人は、質問を自分で声に出して読んで、答えます。答えたくない質問なら、パスもできます。

　他の人たちは、質問せず、ただ聴いているだけです。突っ込みを入れたりしては

144

いけません。答えに「評価しない・傾聴する」ことがルールです。これを10分間続けます。言ったことに対して突っ込みもないし、言いたくないときはパスもできるので、安心・安全の場がつくられてきて、自然といろいろな話が出てきます。このワークの後、色々な悩みを相談しやすい気分になるのをうまく活用して「だれにも相談できない」状態を減らしましょう。

　カードはトピック別になっているので、あらかじめ聴きたい内容を入れておきます。抵抗感のない質問から、だんだんと深い質問へと移っていきます。参加者は、自然にゲームをするうちに、深い質問にも抵抗なく答えていきます。

　たとえば、園児・小学生バージョンにはこんな質問があります。「ママに止めてもらいたいことはなんですか」「パパに止めてもらいたいことはなんですか」、この質問で、虐待の可能性のチェックができます。相談場面では聞きにくい質問でも、いろいろな質問のなかに混ぜてありますので、自然な流れで「字が書けなくて叩かれること」とか、本音が出ることがあります。

　「家の手伝いをして、自分のやりたいことができないと感じることはありますか？」のように、ヤングケアラーの実態などの自己開示を促す質問もありますので、その質問は参加者全員が答えるというスペシャルカードのルールを使うと、活用の範囲が広がります。

やってみよう！

　ここに紹介する「トライ1〜3」は、グループでプレイするときの使い方の一例です（ここではトライ1だけ紹介します）。どの場合も「基本ルール」に添ってはじめると会話がスムーズになるでしょう。参加者の性格や親密度によって、どれで行うかを選んでください。あまりなじみのないメンバーの場合は、「トライ1」から行うことをおすすめします。ゲーム感覚でコミュニケーションを楽しんでみましょう。

※ここでは、質問カードをめくって答える人を「スピーカー」、スピーカー以外の参加者を「リスナー」と
　呼んでいます。「スピーカー」と「リスナー」は、順次交替していきます。

**基本
ルール**

質問カードを引き、その質問に答えます。

基本カードを上にしてカードを重ねて伏せておき、引く順番を決めます。
順番に1番上のカードを1枚引いて、そこに書かれた質問に答えます。
（　　　）があるカードは、自由に言葉を入れて表現してください。

トライ1

「以心伝心」による安心感を味わう。

● スピーカーは、答えたくない質問は「パス」と言って無理に答えなくてよい。
● リスナーは、「評価をせず、ただ聴く。」うなずくなど表情による非言語のコミュニケーションはよいが、ことばは発しない。

コミュニケーションの基本は、話すことと同時に聴くことです。それもただ漠然と聴くのではなく、心から聴く態度を示すことです。こうすることで、「受け入れられている感じがする」、そんな空間を味わうことができます。

5章

不登校支援フロー

―どのような専門家と連携するか―

高山恵子・濱田純子

1 先生ができることとできないことの見極め

　不登校の原因のタイプを12にわけて見てきましたが、支援のプレーヤーは、専門性によって大きく4つです。

　教育（学校の先生方）
　心理（スクールカウンセラー（SC）や外部の心理職、セラピスト等）
　福祉（スクールソーシャルワーカー（SSW）、児童相談所等）
　医療（小児科医、児童精神科医、精神科医等）

　日常的に子どもに接している先生方は、不登校の子ども、家庭に対して、自分は何ができるのか、何ができなくて誰に任せるのかを判断することが重要です。次の3つのポイントが最初の基準となります。

①**急性か慢性か**：たとえば、自分を可愛がってくれた祖父母が他界した、両親が離婚したなど、大きなライフイベントがあったときに、子どもは急にバランスを崩して学校に来れなくなることがあります。一方で、虐待やヤングケアラーなど、一時的な問題ではなく継続的、慢性的な問題による不登校があります。この場合、担任一人で対応できるか、チームで役割分担するか、問題により判断する必要があります。慢性化した問題の場合、子どもや家庭がSOSを出せる専門家が複数いるほうが、当事者である子どもも家庭も、安心できます。

②原因は１つか複数か：家族のひとりが他界した時など原因が１つということ
もありますが、多くの場合、複数の原因や問題が重なっています。たとえば、
いじめがきっかけになって精神疾患を発症して不登校になっている場合は、
原因が複数あります。このケースでは、先生の努力でいじめがなくなったと
しても、すぐに登校できるとは限りません。本人の状態を見て、必要があれ
ば専門家と連携しましょう。

③子どものストレスレベルがどこにあるか：教育的支援だけでいいのかの見極
めは、子どものストレスレベルを見ることがポイントです。有害なストレス
レベルの場合、他との連携が必要なケースが多いでしょう。

　日本の学校の先生たちは、高い専門性を持った特別支援教育の専門家や SC、
SSW などが学校にいない時代、子どもたちの心の安定や親子関係、関係機関
との連携など、ほぼ全ての対応をしてきました。今でも、ソーシャルワークも、
先生がしていることがあります。私がいろいろな学校で巡回支援をしているな
かでも、担任の先生が家庭に問題のある生徒のトラブルを一人で抱え、残業し、
東奔西走している姿を見かけることがあります。
　しかし、家族の経済的な問題や、子どもが精神的なつらさを訴えているもの
の、実は保護者のメンタルのほうを治療しなければならないようなケースは、
先生だけで支援するのは難しいものです。
　「私は勉強不足かも……」などと悲観することは何もありません。それは当
然のことなのです。なぜなら先生方は、**教職課程で福祉や心理領域の対応につ
いて、専門的に習っていない**からです。専門でないことまで対応しなければな

らないことが、先生方の疲弊を招いているのです。これでは残業や先生のメンタルヘルスの問題も増えるばかりでしょう。

　欧米では業務が細分化され、専門的な知識を持った常勤の SSW や SC が、学校の先生のティーチングをサポートします。アメリカなら、家庭の問題は教師の仕事ではなく、SSW の仕事で、一つの学校に必ず一人の SSW が配置されています。虐待、愛着障害、貧困、これらの問題には SSW が対応します。

　SC も同様です。私はアメリカの大学院で SC の資格を取得するための専門課程を履修しましたが、この課程に進むには教職経験 2 年以上が必須条件でした。なぜなら、アメリカの SC はいじめ防止などのテーマで、子どもたちに一斉授業をするからです。

　しかし、日本の学校の SSW は、一つの学校専任でないので、現実的には従来どおり学校の先生が子どもの家庭の問題にも対応しなければならないのが現状です。また、SC が教室で心理教育をするシステムもないので、ここも先生方が対応せざるを得ません。そうするうちに、先生方の本来の仕事である、学習内容の個別最適化のために使う時間がどんどんなくなってしまっています。

　家族での問題や関係機関との連携のために先生たちが奔走し、心をくだいてきた結果、本来の仕事である子どもとコミュニケーションや個別支援が十分にできなくなっていたら皮肉な話です。

　先生方は、何より教育の専門家です。先生方にまずしていただきたいことは、皆さんの**目の前にいる不登校の子に対する支援が、教育の範疇でできるかどうかの見極め**です。同時に、もしかすると別の専門性が必要かもしれない、と考えてみていただきたいのです。これが、子どもをサポートする第一歩なのです。

困難なときほど、

「**解決しないのは、今の教育的支援が、本人のニーズと合っていないからでは?**」
「**支援がうまくいっていないのは、教育の専門性だけで対応しているから?**」

と、立ち止まって考えてみてください。

難しいケースを教育現場の先生方だけで対応しようとすると、残業が増え、教育の専門でうまく対応できるライトなケースを解決する時間がなくなってしまいます。ライトなケースでは、先生のアドバイスが功を奏して変わる子が多いので、子どもも先生方も達成感が得られます。一方、教育の専門性だけでは難しく複雑なケース、トラウマ、家庭問題が関係しているケースなどを、自分一人でなんとかしようとするのは、疲弊するばかりです。

先生が一人で問題を抱え込まず、オープンにし、いろいろな専門家の視点を入れて話し合えば、同じ事例でも対応策や選択肢が広がります。そうすると、先生は本来の仕事である教育的、学習的支援に専念することができます。

つまり、教育の限界を受容することが、むしろ教育的支援の効果を発揮することにつながるのです。

2 SC、SSW の仕事とは

今までは先生が全部やって、しかもうまくできていたかもしれません。学校現場を知らない SSW や SC より、学校の先生の対応のほうが良かったことも

多いでしょう。しかし、このままだと先生方の仕事が増える一方ですので、私は以下のように決めることをご提案したいと思います。

先生方の本職ではない福祉や心理の問題は、まずは専門家と連携すると決める。

専門家との連携の仕組みが重要であるということを、繰り返し現場の実際から訴えて、専門家をどんどん増やしてもらい、予算をつけてもらう。そして先生方は、子どもたちへの教育的支援が本職であると再確認する、ということです。

SC や SSW が学校に来るのは週1回だけという学校もあり、何を相談したらいいか、いつ聞いたらいいかわからないかもしれません。すぐに頼るのが難しいこともありますが、まずは先生方がどのように活用するか研修などで、確認しておきましょう。

文部科学省が発行している「子ども若者白書」(2019)（https://empowerment.tsuda.ac.jp/detail/811）では、SC と SSW それぞれの役割を以下のように示しています。

以下に、SC の仕事、SSW の具体的な仕事をまとめておきます。どのような対応ができるのか、まず学校にいる SC、SSW に直接相談することをおすすめします。

〈スクールカウンセラーの仕事〉：文科省 HP には「スクールカウンセラーの業務　」（https://www.mext.go.jp/b_menu/shingi/chousa/shotou/066/shiryo/attach/1369901.htm）として、次のように整理されています。※内容説明は割愛しています。

（1）面接相談１－カウンセリング

　　　a　生徒のカウンセリング

　　　b　保護者のカウンセリング

　　　c　教職員のカウンセリング

（2）面接相談２－コンサルテーション

（3）協議－カンファレンス

（4）研修・講話

（5）査定、診断（見立て）、調査

　　　a　査定（アセスメント）

　　　　　A　人格検査

　　　　　B　発達検査

　　　b　診断、見立て（アセスメント）

　　　　　※注：「診断」は、SC が医師の資格をもつ場合

　　　c　調査

（6）予防的対応

　　　a　予防的対応１－ストレスチェック

　　　b　予防的対応２－ストレスマネジメント

（7）危機対応、危機管理（risk － management）

〈スクールソーシャルワーカーの仕事〉：文科省は「令和 2 年度　スクールソーシャルワーカー活用事業　活用事例集」（https://www.mext.go.jp/content/20211025-mxt_jidou02-000018557-001.pdf）を発行し、各都道府県の事例をまとめています。

　また、「東洋経済 ONLINE」の記事「教育分野で活躍するスクールソーシャルワーカー（SSW）とは？スクールカウンセラーとは何が違うのか解説」では、SSW 業務は、以下の 5 種に大別されると説明しています。

①問題を抱える児童生徒が置かれた環境への働き掛け
②関係機関等とのネットワークの構築、連携・調整
③学校内におけるチーム体制の構築、支援
④保護者、教職員等に対する支援・相談・情報提供
⑤教職員等への研修活動

　ただ、常勤でない SC や SSW にいきなりすべて任せてしまうのも現実的ではないでしょう。そのため、SC の心理的な支援や SSW の福祉的な支援を、先生方ができる範囲でやる場合のコツについてまとめました。ただし、くれぐれも一人で抱え込まないように。難しくなったら専門家と連携し、アドバイス

や専門的情報を得て、役割分担を一緒に考えることをお勧めします。

心理的支援のポイント

　マズローの欲求の階層（25頁）、神経心理ピラミッドを見てください。心理や福祉の支援が必要な子たちは、学習以前に生存にかかわる欲求が満たされていません。もともとある「一次的障害」に加えて、学校の環境、すなわち担任やクラスメートとのかかわりのなかで理解されずにストレスが蓄積すると「二次的障害」が出やすくなります。これが不登校というサインとして現れることがありますので、問題行動、わがままと決めつけず、ストレス反応かもしれないと見立て、評価やアドバイスをせず、まず傾聴するのが心理的支援の第一歩です。

　SCにつなげる前に先生方が対応する場合、まずは神経心理ピラミッドとマズローの欲求の階層の下の部分が満たされているか確認し、満たされていなければ下から満たしていくという対応が基本となります。朝食をしっかり食べ、不安を取り除き、熟睡できるようになったら、集中力が高まり、行動のコントロール力も高まり、忘れ物も減ったということを体験する先生たちもいるでしょう。その上で、ここでは心理的支援のキーワードとして、セルフエスティームを解説します。

2つのセルフエスティーム

　セルフエスティームには2つのタイプがあります。真のセルフエスティームと、随伴的なセルフエスティームです。他の子と比べてよくできたからセルフエスティームが上がるというのは、随伴的なものです。随伴的とはある物事に

伴って起こるということで、この場合「他の子と比べてよくできた」→「セルフエスティームがあがる」という関係になります。ですから、「他の子と比べてよくできた」という条件がなくなったり、批判されたりいじめられたりすると、すぐに落ちてしまいます。

セルフエスティームの高さが不適応行動の原因になったり抑うつをもたらすのは、随伴的なほうばかりを上げている場合です。傲慢になったり、能力が低い子を軽蔑したりと、他の子と比べてほめることは、差別を助長しかねないのです。ただほめればいい、ただセルフエスティームを上げればいいのではないということです。

大切なのは、自分らしい存在でいられること、これこそが真のセルフエスティームです。他の人と違ってあたりまえ、自分は自分らしくあればいいのだという感覚を養う。そのために大切なのが、人権教育です。これについては教育支援のところで述べていますので、ここでは言葉がけについて述べます。

真のセルフエスティームを高めることばがけとは、なんでしょうか？　あなたならなんと言いますか？　皆さんは、真のセルフエスティームを高めた言葉をだれからもらいましたか？

144頁で紹介しているちょこっとチャットには、「親や先生から言われてうれしかった言葉は何ですか？」という質問が入っています。でも、この質問に残念ながら、「ない」と答える人が意外と多いです。ゲームの最後にいい気分になってほしいという意図で入れた質問カードだったのですが、残念です。

言われて嬉しかった言葉が「ない」と感じる人が多いのは、親や先生の子どもへの声がけには、何かしらの「条件つきの評価」が含まれていることとも関係しているかもしれません。「テストでいい点をとったから」「約束を守ったか

ら」あなたは OK というものですね。随伴的なセルフエスティームは、他者からの評価に依拠しています。条件を満たしたときだけ褒められるという体験を積み重ねると、過剰適応する子に育ち、無理に人に合わせたり、言われたとおりに頑張りすぎたりします。もしくは、ネガティブな体験をしたときに「自分はダメなんだ……」と一気に挫折してしまうこともあります。大人の評価は、子どものその後の人生に、とても大きな影響を与えるのです。これは、先生方ご自身にもあてはまることかもしれません。日本の学校の先生方は過剰適応気味で、体調を崩される方もいるように思います。褒めることが大切と言われますが、皆さんの声がけは、この種の結果に対する評価ばかりになっていませんか？

　「言葉がけ」や「行為」を、私たちは意図せずにやっていることも多いと思います。果たしてそれは、子どもにプラスに響いているか、肯定的に聞こえているか、あるいはマイナスに響いているか、そのチェックが大切です。もし先生方のかかわりが、子どもにストレスとして受け止められていたなら、あまり考えたくないことですが、子どもはストレス反応をし、対処行動を取るようになるかもしれません。安全の欲求を満たす・不快なことを忘れるために快行動を選択しつづければ、それはネット・ゲーム依存に、ひいては昼夜逆転し不登校にという負のスパイラルに入り込むケースもあるでしょう。

　一方の真のセルフエスティームは、他の人がどのように評価しようとも関係なく、自分らしくあるという感覚です。私はよく発達障害の当事者の方に、「不完全な自分を好きになることが大切です」と言っています。そこには「○○ができるから」とか「□□ができないので」といった、誰かの評価や、それ

を内面化した自己評価は介在しません。ですから、保護者の方にも「不完全な我が子を好きになってください」と伝えています。これは、先生方にもぜひそうしてほしいと思います。

　ADHDなどがある子に「いい対応」をされている先生方で、「あの子は、たしかに手はかかるけど、憎めないね」とおっしゃる方がいます。こういう先生の「ポジティブな声がけやまなざし」を、子どもはとても敏感に体感しています。「嫌われていないんだ」「叱られるけど応援してくれてる」と、失敗してもがんばっていることを肯定してくれているという感覚が、真のセルフエスティームを高めるのです。

　そのために大切にしたいのが、傾聴です。学校で安心・安全の場をいかにつくるのか、コミュニケーションがそのカギを握りますが、子どもの話に先生方が傾聴できているかどうかが、子どものこころの安心・安全を左右します。評価しないで聴く・アドバイスしないで聴く・指導しないで聴くが「傾聴」の定義です。心理的・福祉的な問題を抱えている子には何よりこころの安心・安全が必要ですから、まず傾聴から始めましょう。評価やアドバイス、指導は次のステップになります。安心・安全の確保は、マズローの欲求の階層でも、神経心理ピラミッドでも最下層の基盤に位置しますから、傾聴という環境が提供されていないうちに、指導をすることは逆効果になりえます。これがとてももったいない。生徒に指導が入る状態か、学校で安心・安全を感じられているかどうかわからないときは、ケース会議に心理職に入ってもらうといいでしょう。

　これまでどうだったかは変えることができませんので、これからどうするかが大切です。これから先、子どもの真のセルフエスティームを高めるために、

あなたは何をしますか？

福祉的支援のポイント、SSW は家庭の福祉的支援

　福祉的支援のキーワードは虐待です。虐待やそれにともなうトラウマは特殊な家庭の問題であって、クラスの子たちには関係ないと思われるかもしれません。ですが、ACE 研究によると「普通の家庭」に見えるアメリカの中流白人家庭に育った人でも、小児期逆境体験（ACEs）リストに約60% の人が当てはまります。生徒に虐待やトラウマがあるかも、という視点が重要です。

　トラウマについては花丘先生より208・237頁で詳しく解説しました。ここでは学校でできる対応に焦点を当て、ACE への保護的対応を中心にお話します。

小児期逆境体験（ACEs）リスト

　代表的な ACEs リスト

　1. 心理的虐待

　2. 身体的虐待

　3. 性的虐待

　4. 心理的な養育の放棄

　5. 身体的（物理的）な養育の放棄

　6. 両親の別居（または離婚）

　7. 母親の被暴力的な扱い

　8. 家族のアルコール中毒・薬物乱用

　9. 家族の精神疾患や自殺

　10. 家族の服役

> コミュニティでの暴力の目撃や被害と差別の 2 項目を追加（NSCH）

　幼少期にこれらの体験をすると、後になってさまざまな身体・精神疾患のリスクにさらされるという研究があります。たとえば次のような影響が指摘されています。

> ・ACEs スコアが 4 点以上の場合のオッズ比は，うつが約4, 自殺企図が約12, アルコール関連問題が約 7 ，薬物関連問題が約 4 ～ 10(Felitti,V.J. et al 1998)
> ・ACEs スコアが 6 点以上で20年寿命が短くなる可能性（Brown,D.W et al 2009）

　このリストは主に家庭で起こることで、それ以外のコミュニティで起こることも追加するべきであるという議論もあります。子どもたちにとって「コミュニティ」が真っ先に意味するものは何かといえば、学校です。学校での最たるACE 体験は、いじめです。学校でのいじめは、卒業後の子どもたちのメンタルヘルスに大きな影響を与えるものなのです。海外では ACE 体験が薬物依存のリスクとなるデータがありますが、日本ではゲーム依存のリスクを上げるものとなるでしょう。

　このような研究データを見ると絶望的に感じる方もいるかもしれませんが、実はいい情報があります。ACE には保護的・補償的因子があって、これらを学校で体験することができれば、レジリエンス（回復力）を高めることができます。

保護的・補償的体験（PACEs）

1、無条件にあなたを愛してくれる人がいる

2、親友が少なくとも一人いる

3、定期的に他者を援助したりボランティアをしたことがある

4、運動活動に定期的に参加したことがある

5、地域の子ども会など社会活動グループに参加したことがある

6、熱中できる芸術的・創造的・知的な趣味がある

7、援助が必要な時に頼ることのできる親以外の大人がいる

8、学習のために必要な資源や体験を与えてくれる学校に通学できていた

　な　ど

　学校でできることがたくさんある！

文献：小児期の逆境体験と保護的体験 2022年　ジェニファー・ヘイズ他

　3 や 5 などは学校の係活動そのものです。4 は部活動や体育にあたるかと思います。運動することによってドーパミンが出て学習活動がはかどるだけでなく、ACE の補償にもなりますから、不登校の子にはぜひ部活動だけ来てもいいルールを作ってほしいのです。「宿題を出してないから部活に参加するな」とか「授業に来られないのに部活なんか来るな」という考え方は、少し緩めてもいいのではと思いますが、いかがでしょうか。

　私がスーパーバイズしている日々輝学園高等学校では、部活動だけの登校も OK としています。そこから可能な子は授業にも参加できるようなサポートをしていくという取り組みを実践しています。6 も、部活や授業など学校で提供することができます。

7 の親以外の援助者は、学校にいる先生をはじめとした支援者です。家庭で虐待があるときに重要になってくるのは、学校に安全な居場所があるということです。学校が安全な居場所であるというのは、虐待を受けている子にとっては大変重要な学校の存在意義と言えるでしょう。

　不登校の子のなかにはヤングケアラーの子もいますが、その子たちも親の援助を基本的に得ることができません。学校の先生ができることは、ヤングケアラーの体験が ACE にならないように支援することです。もしすでに ACE になっていても、学校で補償していくことが大切なのです。今の時代、公立学校の存在意義をどこに置くべきか、皆さん頭を悩ませるところだと思いますが、多様化する子どもたちを受け止められる実践こそが学校の意義だと思います。

　一方で、悲しいことですが、学校での逆境体験も存在しているのではないかというのが次の研究（Masuda,A. et al.2007）です。

　日本の大学生に従来の家庭内逆境体験と家庭外逆境体験について質問したところ、

　・教師からの暴力1.4%

　・教師からのネガティブな評価3.7%

　・いじめ被害（小学校21.8%・中学校11.7%）の体験があったということです。重要なのは、「家庭内の逆境体験の有無にかかわらず、家庭外の逆境体験があると心身症リスクが高まる」という結果が出たことで、これは、学校での逆境体験の影響が大きいということです。この点はぜひ認識していただきたいところです。逆に言えば、学校の対応で何とかなる面もあるということです。

　子どもの学校での体験が ACE になる前に、SC と連携し、もしすでに ACE

があり、家庭でも問題が多いなら、SSWと連携するといいでしょう。場合によっては、医療的ケアが必要なレベルの二次障害がある人もいます。

　ACEのリストにはありませんが、もう1つあげておきたいのが「教育虐待」です。よくあるのは、保護者がその子の意思や実力に合わない目標設定をし、課題がクリアできなければ、「ダメな子、うちの子じゃない」などと精神的な圧力をかけたり、時には暴力をふるうケースです。教育虐待を理解するキーワードは、「あなたのため」です。保護者が本当に「子どものため」と思ってしつけや教育をしていることなので、自分で自覚するのは案外難しいものなのです。

　それだけに、「気づき」が重要になってきます。保護者会などで、まず、子どものストレスレベルを考慮しない保護者の度がすぎたしつけや教育は教育虐待であり、後にお子さんのメンタルに悪影響を与える可能性があるといったデータを示したり、クラス通信に入れたりして、まず一般論として伝えていただければと思います。えじそんくらぶのコピーフリーの冊子：「子育てストレスを減らす3つのヒント」を使って、情報提供＋ミニ解説という感じでミニレクチャーするのもよいでしょう。親も困っていたら、公的機関のどこに相談したらいいか、相談先を保護者会などで伝えるのもいいでしょう。

https://e-club.jp/booklet_leaf/leaf_explain/mama_leaf/

教育虐待が疑われる保護者には、具体的にどう対応すればよいのでしょうか？単にアドバイスをするだけでは多くの場合、"私のことを邪魔する人"になってしまいます。それを防ぐポイントは、保護者の話を傾聴し、信頼関係を築くことです。その上で、「学校で元気がなく、食欲もないようです。お子さんの健康状態は、大丈夫ですか？」といった感じで、話を切り出してみます。この時、担任の価値観を挟まずに、フラットな気持ちで事実のみを伝えることを意識してみましょう。

保護者に伝えるのが難しいと思った時は、早めに周囲に相談しましょう。「クラスのことは自分で何とかしたい」と思われる担任の先生も多いのですが、相談できる人を確保しておくことも、大切なスキルです。虐待対応は教師の仕事を超えた対応が必要なことも多く、教育学の範囲を超えています。一人で抱え込まないことが救いたい親子のためでもあり、先生が潰れてしまわないための必須条件です。家庭で複数の複雑な問題があり、難しい親子のケースはSSWにつなげましょう。貧困など福祉的支援が重要な時に特に有効です。

このようなすみ分けを知っておけば、まずは大丈夫です。

3 それでも、教育支援でできる不登校予防がある！

そもそも教育とは、なんでしょうか？

　英語では教育を「education」と言います。「educ」というのは「（いいところを）引き出す」という意味です。一方、日本語の教育ということばの漢字、「教」の字は、鞭で子どもを叩いている象形文字だそうです。

皆さんの学校で提供しているのは、「教育」なのか「education」なのか。

学校の存在意義にもかかわる問いだと思います。

　では、ここで「教育でできること」について、核心的な部分を考えていきたいと思います。これが実践できていれば、対症療法的な不登校支援に忙殺されることはなくなるでしょう。すなわち、究極的な不登校予防対策です。

【教育でできること】
　　学校の存在意義＝次世代の人財育成
　1．親の育成：虐待防止、ヤングケアラー防止
　2．社会人の育成：多様性の理解とインクルージョンの体験
　3．支援者の育成：支援のモデリング
　4．リーダーの育成：ギフテッド　など

- 塾や家庭ではできない、学校現場でのみ有効な人権教育の提供と実践
  ＝多様性の理解と尊重（自己理解と他者理解）
- 人権教育という言葉を使わずホームルーム等で実践的なワークを

　このなかで、先生方にとくに意識していただきたいのは、**次世代の親を育てている**という意識です。私が代表をつとめる「NPO法人えじそんくらぶ」では、親支援講座も実施していますが、虐待が起きるかどうかは、親が受けてきた教育と非常に関係が深いと感じています。虐待の世代間連鎖のメカニズムは、トラウマの観点から最近ではよく知られるところになりつつありますが、自分が子どものとき、保護者や学校の先生などの大人に、どのように育てられたのかは、将来自分が子育てをするときに影響するのです。

　この視点から先生方には、特に女の子に対して、完璧を目指させるような指導はあまりしないようにお願いしたいのです。なぜなら、自分が完璧になるよう育てられたので、子どもをそのように育てるのは当たり前のことだと刷り込まれているため、子育てでも完璧を求めて、自分の子どもに対して「教育虐待」をする可能性があるからです。

人間はみな不完全な存在です。

　もちろん、完璧であることはいいことですが、指導をあまりに徹底しすぎると、その子自身が苦しむのはもちろん、将来その子の子どもも苦しめることになりかねません。

では、教育でできること、学校がいちばんに目指してほしい不登校にまつわる支援はなんでしょうか。これはずばり、予防と**早期支援**です。学校がいやになる前の支援が重要です。不登校というのは、一見すると学校に来ないという単一の問題に見えますが、その原因は先にみたとおりにさまざまです。学校に来ている子は、そのようないろいろな背景や個性をもつ人たちです。それをみんなが理解できるような授業、また、いろいろな背景や個性をもっていても安心できるクラスが必要なのです。

　学校でしかできない、この究極の不登校予防の授業は、**人権教育**です。

　人権教育をしている塾はありますでしょうか？　人権教育こそ学校にしかできない、公教育で最も重要なものです。

　我が国の人権教育は、いろいろな歴史的経緯もありますが、基本にもどり、現代の人権教育の中心は、

多様性を尊重できるようになること

に重点を置くといいでしょう。多様性を尊重できるように子どもを育てることは、次世代の親や支援者を育てる学校の役割として、大変意義深いことなのです。それが学校でこそ可能なのは、

学校が多様な子が集まる「公共」の場所

であるからなのです。

　以前、ある小学校で人権教育の一環として講演したとき、以下のようなお話

をしました。

- 人によって嫌なことは違うから、嫌なことは嫌とはっきり言わないと相手に伝わらない
- 感じ方は人によって違うから、何気ない言葉によって相手はとても傷つくことをしっかり理解する必要がある
- 家庭や学校で強いストレスを受けると、そのストレスのはけぐちに弱い生徒をいじめたり家庭でトラブルを起こしたりすることがある
- クラス全体でのストレスマネジメントも保健体育の授業などで進めていってほしい

講演会の後、子どもたちから次のような感想をもらいました。

- 僕はメガネと呼ばれるのがとてもいやです。でも、いやだと言ったことがなかったから、これからはちゃんとメガネって言わないでと、言いたいと思います
- 自分が嫌なことは人にやらないようにと、今まで親や先生から言われて実行してきたけれど、今日初めて嫌なことが人によって違うということがわかってびっくりした
- 今まで気がつかないうちに友だちを傷つけていたのかもしれない

　本人はいじめていないと思っていても、被害者はとてもつらい思いをしていることがあります。いじめている自覚がない子に、「いじめないで」と伝える

のでは不十分で、

「いやと思うことは人によって違う」
「いやなことをされたら「やめて」という」
「「やめて」と相手が言ったらやらない」

ということをみんなのルールにして、冗談でも相手が嫌がることは言わない・やらないことを徹底する、これが人権教育の基本です。このルールは、毎年、毎学期の最初と、いじめ問題が浮上してきたときに、繰り返して伝えましょう。

そして何より、**教師が子どもの人格を否定する言葉をクラスで無意識に言っていないか**、チェックしてください。担任が変わると学校に行ける子どもがいます。そのことが教えてくれる真実は、なんでしょうか。

学校が多様性を受け止める環境になり、子どもは困ったことがあったら先生や友だちに SOS を出せば助けてくれると感じられれば、安心して学校に行くことができます。学校で自分を受け止めてもらえる感覚がもてれば、将来、社会に出たときに、この世界で何があっても乗り越えられるという「レジリエンス」の感覚を身につけることができるのです。

4 誰もができる、人権教育

「人権教育」というと、ちょっと大げさに聞こえますが、ホームルームの時

間にも簡単にできるワークや、日常そのものが人権教育になるということもあります。たとえば、年度はじめの４月に「私について」というテーマで、１分間で自己紹介するとき、一工夫するだけでいいのです。発表の項目のなかに「私が得意なことは……」「私が苦手なことは……」という内容を入れて、

「こういうことで困っていたら○○してもらえるとありがたいです」

というフォーマットで、全員でシェアするのはどうでしょう。

　あるいは、クラスに（発達）障害のある子がいたとしましょう。その子のサポートをクラス全体で、インクルーシブにしていくなかで、先生がどういう言葉がけをするか、どのように学習支援をするか、その身をもって示すこと自体が、人権教育になるのです。先生方がいい支援をしていくと、それが子どもたちのモデルとなり、支援のモデリングが生まれます。先生の支援を見ていた子どもたちが卒業して大人になり、職場や地域に出て、発達障害のある人へのサポート環境がない場所で当事者に出会ったとき、彼・彼女らは**ナチュラルサポート**をすることができます。

　この連鎖がうまくいくのは、先生ご自身の自己実現にも意味のあることではないかと思うのです。先生の言動をいいと感じて、卒業後も覚えていて実践してくれる、先生のフォロワーに子どもたちがなっていくわけです。

　世界的にインクルージョンがすすんでいるので、同じ課題を完璧にやらせる教育よりも、多様性を理解するための教育をすることのほうが、現代の学校の存在意義にかなっているのではないかと思います。高校に進めば、子どもたち

は同質性のある集団に分かれていくので、義務教育のいろいろな子がいる環境で、多様性を受け入れるクラスづくりをすることが、いまの学校には求められているでしょう。そしてそのためにも、「何でも相談できる人」がいるのが理想といえます。

5 とりわけ重要な、医療機関との連携（濱田純子）

不登校の背景や子どもの状態は多様性に富み、個々に異なるので、個別のケース毎にオーダーメイドの支援が必要となります。そのオーダーメイドの支援の選択肢の中に、「医療との連携」は、常に入れておいてください。もちろん、学校には、その辺りの専門家よりも子どもの心をしっかりと掴み支援をすることに長けた力のある先生方が大勢いらっしゃることは、十分わかっています。しかし、それでも敢えて医療と連携してくださいと、声を大にしてお願いしたいのです。理由を 5 つお示ししましょう。

理由 1　頼れる人を増やす：いくら力のある先生でも、不登校の親子にとって、その先生だけが拠り所であるという事態はとても危険です。特定の先生しか対応できない状況は、長期的に見ると、親子が他の支援を受ける機会を奪ってしまうことにつながります。先生が一生親子の面倒を見ていくことはできないため、どうか信頼関係を築くことができている時にこそ、さらに支援の輪を広げることを試みてください。不登校の親子を支援するネットワークの網の目は、細かく弾力性に富んだものであればあるほど良いのです。

理由2　保護者支援は専門性が高い：不登校支援において、保護者支援が鍵となります（保護者支援については、本章の終わりに稿を設けています）。保護者を支援することが子どもの支援にとって近道となることが多く、医療機関でも保護者に介入することが多いものです。しかし、先生方が保護者支援までを担うには限界があります。ここは、専門家にお任せください。

理由3　情報共有により一歩踏み込んだ支援が可能となる：医療機関にとって、先生から子どもの友達関係や学習状況などの情報を教えていただくことは、大変有益です。特に、再登校へと向かう時期の場合、担任の先生はじめスクールカウンセラー、養護の先生など、校内の支援者の方々との連携のもとに、スモールステップで登校を進めることが良い結果につながります。医療機関としても、心理検査の結果等を保護者の方を通してお伝えし、学校での支援を考えていただくようお願いしますが、直接先生方と連携させていただくことで、一歩踏み込んだ支援が可能となります。そして、意外に思われるかもしれませんが、実際に医療につながった保護者からは、もっと早くに医療機関を紹介してもらいたかったという声が良く聞かれるものです。

理由4　先生自身の安心・安全のため：外部の医療機関の者が学校に入ることで、学校の風通しが良くなり、先生方も一人で悩まず安心して支援に取り組めるようになります。より良い支援のためには、先生方にも、安心・安全な環境が必要なのです。医療機関の者が学校に出向くこともありますし、担任の先生や養護の先生が、診察に同行くださることもあります。一度顔合わせを済ませておくと、後は電話でのやりとりで作戦会議を進めることも多いです。

理由5　メンタルヘルス教育を協働で実践する：10代は、メンタルヘルスの問題が生じやすい時期です。精神疾患の症状は、ある人に生物学的な脆弱性をカバーしきれないほどのストレスが持続的にふりかかると発現すると言われます。そして、成人で精神疾患を患っている方の多くが、10代に不調を訴えるそうです。しかし、早期に発見し、丁寧に経過をみていくと、何らかの支援につながることで、発症に至らなかったケースは70％以上にも上るというデータもあります。(Schlosser et al., 2012)医療機関としては、不安の軽減などの予防的な観点からのメンタルヘルス教育を是非とも先生方に学校で実践していただき、メンタルケア全般の底上げを一緒に担っていただきたいと考えます。状態を悪化させる前の段階での予防的な対応を、学校全体として行っていただくことが、これからのメンタルヘルス教育のとても重要な柱となっていくことでしょう。

　さて、前章で挙げた不登校の12のタイプにおいて、医療と連携しやすいタイプは、①睡眠不足、②体調不良（頭痛、腹痛、吐き気）、⑦気分が不安定（人が怖い、うつっぽい）、⑧発達障害あたりになるかと思われます。便宜上、①、②については小児科、⑦、⑧については、児童精神科との連携が自然でしょうか。下記に小児科、児童精神科との連携について、それぞれの特徴を記します。

〈小児科との連携〉：こころと体はつながっています。子どもは嬉しいことがあると、飛び上がって喜んだり、スキップしたりします。悲しいことやつらいことがあると、しょんぼりと肩を落としますね。不登校の子どもの多くが、その経過中に腹痛や頭痛などの身体症状を訴えることは多く、ある調査によると、不登校の子どもの約70％が何らかの身体症状を訴えるとも言われています。

（Lisa et al., 2012）不登校支援において、睡眠の問題や体の不調と言う切り口は、小児科とつながるきっかけとなります。

　イギリスでは、何か心身の問題が生じた時、いきなり専門医の受診を受けることはできず、まず家庭医に相談して、必要があれば専門医を紹介してもらうという、家庭医の制度があります。家庭医は、家族の生活状況などを日ごろから良く熟知しているようです。

　小児科の先生は、このイギリスの家庭医のような存在であり、子どもが小さな時から密なつながりを築けるチャンスがあるのは、大きな強みです。思春期になって、医療との連携が必要だと周囲が感じても、子どもを無理やり医療機関に連れていくことはなかなか難しいものです。その点、小さい頃に診てもらった小児科の先生のところに行くのなら……ということで受診につながるケースは少なくないでしょう。

　しばらく小児科の先生が診てくださり、医療に相談するという関係ができた後に、より専門的な支援の場として、児童精神科につないで、協働して支援を行う場合も多いものです。実際、小児科の先生は、オールマイティな先生が多く、不登校問題のプロですので、安心して SOS を出してください。

〈児童精神科との連携〉：小児科と比較すると、児童精神科は敷居が高いかもしれません。初診の予約には数か月待たなければならないクリニックや病院も多く、アクセスが難しい状況です。そのため「予約を取るのにも時間がかかるから……それだけ児童精神科を受診する子どもは多くて、特別なことではないですよ」と、児童精神科を紹介いただくのが良いかもしれません。

ただし、注意点として、**児童精神科に行って診断を受ければ問題が解決する、薬物療法を始めればすべてが解決すると考えないでください。**たとえば、不登校の一因でもある発達障害と一口に言っても、非常に多様性があり、その状態像は一人ひとり全く異なります。児童精神科は、子どもに診断をつけてレッテルを貼ったり、ましてや「この診断の子どもには、この薬物療法を適用する」といったマニュアル通りの対応をする場所ではありません。目の前の子どものことを良く理解して、一人ひとりに合わせたオーダーメイドの支援を行う場所なのです。

　実際の児童精神科における介入の進め方は、ポリヴェーガル理論の観点から言えば、まず腹側が司る社会交流システムを働かせて親子とのつながりを築きながら、子どもの主体性を高めることに注力します。そして、同時またはそれに先立って、環境調整によって子どもの安全・安心感を高めていくことも重要視します。

　この環境調整を行う際には、子どもが実際に生活する家庭や学校との協力が必要不可欠です。そのため、児童精神科に親子を紹介したところで学校の先生方のお仕事が終わるわけではなく、むしろ環境調整も含めた支援を学校と医療とで協働しながら行っていく、スタート地点に立ったところだとご理解いただくのが良いでしょう。連携を、単にバトンを手渡す線状のイメージではなく、情報や支援の方向性を共有しながら共に支援していく立体的かつ重層的な厚みが加わるイメージで捉えていただけるとありがたいです。

　最後にお伝えしたいのは、⑦,⑧のタイプではないから、児童精神科との連携は不要だとは思わないでほしいということです。実は、ゲーム依存やひきこもり、その他人間関係のトラブルの背景には、児童精神科領域で扱うトラウマ

や親子関係の愛着の問題等が関連することも多いものです。不登校支援においては、医療との連携の必要性を常に頭に入れておくことが重要です。

6 医療の観点からみた、不登校の子の保護者対応

　ここまで読み進めていただき、不登校支援について、先生方ができること（教育支援）を行って、それ以外のことは、できるだけ他の専門家や社会資源を利用していただくことのメリットをご理解いただけたと思います。学校内外の専門家との連携が進むことで、先生方は、より本来的な教育支援の業務にエネルギーを注力することができます。さらに支援の輪が広がることは、子どもたちやそのご家族、地域社会にとっても良い影響をもたらすことにつながるのです。

　しかし、専門家につなぐのが良いとわかっても、一足飛びに連携することはできません。先生方が専門家と連携するにあたって、避けて通れない大きなハードルが待ち構えています。

　連携には、保護者との協働作業が必要、つまり保護者に許可を得るというハードルが待っているのです。

　専門家や連携という単語を聞いた途端に拒否を示す保護者や、そもそもそう言った話し合いのテーブルについてくれない方たちも数多くいらっしゃることでしょう。専門家につないで、専門家を育ててくださいと言っておきながら、この専門家につなぐまでの先生方のご苦労がどれほど大変なものかは、想像に難くありません。

医療の現場にいる人間は、ただ親子を待っているだけです。先生方に勧められて、渋々でも、受診をしようと決意されて来られた親子と会うのは、本当に楽なものです。医療機関の人間としては、いつも「この親子をよくぞつなげてくださった」というふうに、先生方の思いに感謝し、先生方のご尽力を無にしないよう、真摯な対応を心がけております。

　話がそれてしまいましたので、もとに戻しましょう。実は、不登校支援にとって、保護者対応が、専門家につなぐためにも、教育的な支援を充実させるためにも、非常に重要なのです。しかしながら、こんなに重要な保護者対応について、先生方は今まで十分な研修などを積んでこられたでしょうか？　学校の先生になるための大学の教育学部のカリキュラムでは、教育学や専門教科の学習で授業のコマは埋め尽くされていて、**保護者対応について学ぶ時間は、ほとんど無い**と聞いています。それなのに、文科省からは、当たり前のように、保護者支援について要請されています。

　たとえば、令和元年10月25日に出された「不登校児童生徒への支援の在り方について（通知）」の（4）家庭への支援では、下記のように述べられています。

　　家庭教育は全ての教育の出発点であり、不登校児童生徒の保護者の個々の状況に応じた働き掛けを行うことが重要であること。また、不登校の要因・背景によっては、福祉や医療機関等と連携し、家庭の状況を正確に把握した上で適切な支援や働き掛けを行う必要があるため、家庭と学校、関係機関の連携を図ることが不可欠であること。その際、保護者と課題意識を共有して一緒に取り組むという信頼関係をつくることや、訪問型支援による保護者へ

の支援等、保護者が気軽に相談できる体制を整えることが重要であること。

　言いたいことはわかります。保護者と信頼関係をつくることや、訪問型支援等、保護者が気軽に相談できる体制を整えることは、本当に重要なのです。しかし、それを、どのようにして実施していくのかということについて、この通知には一言も触れられておらず残念です。

　そこで、不登校支援フローの締めくくりとして、本書が考える保護者対応について、提言してまいります。保護者を制する者は、不登校を制する！　のです。保護者対応のポイントをご紹介しますので、よろしかったら参考になさってみてください（これが唯一絶対というものでないことはご承知おきください）。

　その前に、まず、先生方が対峙する相手をよく知っておく必要がありますので、保護者像について、解像度をあげておきましょう。想像してみてください。

　子どもが不登校の状態にある保護者は、例外なくストレス状態に陥っています。我が子が学校に行けなくなった当初は、その事実に戸惑い、子どもを何とか登校させようと、無理やり引っ張って学校に連れて行こうとしたり、なだめすかせる作戦に出たり、あの手この手で格闘するかもしれません。それでも動こうとしない子どもに対して苛立ちをぶつけたり、あるいは、自分の子育てが悪かったのだと自分自身を責めて落ち込んだりもします。世間体は気になるし、親族からも責められ、孤独を味わうかもしれません。将来に対して不安は増すばかりで、絶望感を感じることもあるでしょう。生活のスタイルも変わります。仕事を持つ保護者は、休暇の工面に頭を悩ませるかもしれません。

先生方は、そのような保護者の方と対峙しなくてはならないのです。かなりのハードワークが必要だとわかると、

　「保護者のストレスを軽減し、保護者が先の見通しを持って子どもに対応し、子どもの苦悩を理解できるようにするには、専門家の力を借りること」

が、やはり肝心なことだと気づかれましたね。**そうです。先生方には、専門家につなぐところを頑張っていただきたいのです。**

　本書で考える保護者対応のステップは、シンプルに３つです。協働関係を築くためのステップとして、ご利用ください。

①保護者が一番の子どもの専門家であるという姿勢を持ってください。

　保護者は、子どもとの付き合いは誰よりも長く、子どもについての一番の専門家と言えます。そのような**保護者に対して尊敬の念を持ち、保護者の思いを聴かせていただく姿勢**から、良い関係は生まれます。子どもを重視するあまり、「あの親は……」「こんなやり方では……」と、保護者の子どもに対する対応を非難して注意したくなる先生がいますが、保護者を決して責めてはいけません。責められると、保護者は、先生から逃げ出します。いくら正論であっても、責める先生の言葉は、保護者の耳には全く入りません。**先生が考える"保護者が子どもにとってほしい対応"を、先生が身をもって保護者に示すことから始めましょう。**

②つながりモードを意識したコミュニケーションを構築しましょう。

　次に、保護者との関係を育むにあたって、**腹側のつながりモードを意識する**ことも重要です。人は誰しも安心・安全な環境のもとでないと、しっかり思考を働かせることができません。保護者が、安心・安全を感じることのできるスペースを提供しましょう。そのためには、先生方の神経系の安定感が大事な要素になりますので、先生方自身のセルフケアもお忘れなく。**先生方の神経系の安定感が、保護者の神経系に共鳴します。**先生方とのつながりに保護者が安心して、率直に意見を言い合える関係が理想です。

③保護者と、ゴールを共有しましょう。

　最終段階として、保護者と協働して問題解決を図っていくにあたってのゴールを明確にします。目指すゴールは、**長期的な視点に立った「子どもが幸せに暮らすこと」**だということを、共通理解できると良いですね。そのためにいろいろな情報提供を行うことが必要かもしれません。この段階まで到達すると、**支援のための網の目は細かい方が良く、そのために相談できる専門家と連携することがメリット**となるということを保護者に理解していただけるのではと考えます。

　以上の３つのステップで、保護者対応にトライなさってみてください。最後に、保護者の中には、実は、過去に学校関係で傷ついた体験を有した方がいらっしゃるかもしれません。そのような方は、学校という場所や学校という言葉を聞いただけで、辛い体験を思い出して、攻撃的になったり拒絶・回避してしまうのです。ポリヴェーガル理論からみると、交感神経が活性化した状態で

すね。

　これは、トラウマの影響を受けた反応なのですが、保護者の中には学校でトラウマを負った可能性のある方がいらっしゃるかもしれないという配慮（**トラウマインフォームド・ケア**と言います）を忘れないでください。

　ただし、虐待対応については、上記の限りではありません。管理職の先生方とも相談して、速やかに子どもを守る対応を行ってください。

参考文献 ────────

・小児期の逆境体験と保護的体験　2022年　ジェニファー・ヘイズ他
・発達障害の人が自己実現力をつける本　社会に出る前にできること　高山恵子　講談社 2023年
・Felitti, V. J., Anda, R. F., Nordenberg, D., Williamson, D. F., Spitz, A. M., Edwards, V., Koss, M. P., & Marks, J. S. (1998). Relationship of childhood abuse and household dysfunction to many of the leading causes of death in adults: The Adverse Childhood Experiences (ACE) Study. American Journal of Preventive Medicine, 14 (4), 245–258. https://doi.org/10. 1016/S0749-3797 (98) 00017- 8
・Brown, DW., Anda, RF., Tiemeier, H., Felitti, VJ., Edwards, VJ., Croft, JB., & Giles, WH. (2009). Adverse Childhood Experiences and the Risk of Premature Mortality. American Journal of Preventive Medicine, 37 (5), 389–396. https:// doi.org/10. 1016/j.amepre.2009. 06. 021
・Masuda, A., Yamanaka, T., Hirakawa, T., Koga, Y., Minomo, R., Munemoto, T., & Tei, C. (2007). Intra- and extra-familial adverse childhood experiences and a history of childhood psychosomatic disorders among Japanese university students. BioPsychoSocial Medicine, 1, Article 9.
・『トラウマインフォームドケア "問題行動" を捉えなおす援助の視点』野坂祐子著　日本評論社　2019年
・Danielle A. Schlosser, Sarah Jacobson2, Qiaolin Chen3, Catherine A. Sugar4, Tara A. Niendam5, Gang Li6,Carrie E. Bearden7, and Tyrone D. Cannon7, (2012) Recovery From an At-Risk State: Clinical and Functional Outcomes of Putatively Prodromal Youth Who Do Not Develop Psychosis ; *Schizophrenia Bulletin* vol. 38 no. 6 pp1225–1233.
・Lisa Jones, Prof Mark, Sara Wood, Karen Hughes, Ellie McCoy, Lindsay Eckley, Geoff Bates, Christopher Mikton, Tom Shakespeare, Alana Officer. (2012): Prevalence and risk of violence against children with disabilities: a systematic review and meta-analysis of observational studies. *Lancet,* 380 (9845): pp899–907.

教員、SC、SSW など専門家の役割分担の決め方

（高山恵子）

　ケースの共有のためにも**事例検討会**を活用しましょう。事例検討会で重要なことは以下のことです。

０．専門性の違う人が参加する事例検討会では意見や見立てが違うということを想定内にする。自分の実践や見立てに対して否定的な意見がでたとき、自分の存在が否定されたと勘違いしないようにする

１．事例検討会で話し合いをする前に、それぞれの参加者が事実と自分の意見を明確に分けておく

２．見立てに関して、その結論に至った理由を明確に説明する準備をしておく

３．養護教諭、SC、SSW の異なる視点をトータルに検討する

４．支援目標を共有し、問題解決の優先順位と期日、役割分担を明確にする

　関係者の時間調整も難しいと思いますが、たとえば、月一回の定例会の日を決めておき、その他必要に応じて臨時で実施するという取り決めをしておくとよいでしょう。それぞれの専門家が個別に対応していても、現場で情報の共有ができていないのはとても非効率なことです。

　そして、何よりもいま求められているのは、**すでに配置されている校内の専門家を、学校内で活躍できるように育てる**ことです。心の専門家、福祉の専門家といっても、その人の知識や力量は千差万別です。学校現場での実践が少ない専門家もいるでしょうから、とにかく場数を踏むことが大事なのです。先生方は、もどかしい

こともあるかもしれませんが、どんどん専門家に頼って、長い目で見て、学校で活躍できる専門家に育ててほしいのです。

　「協力して、学校内で活躍できる SC、SSW になっていただき、自分も教育以外の異なる視点を身につける」という視点が大切です。他の専門家の仕事を理解すると、自分以外にも孤軍奮闘している先生に「その生徒のことは、SC に……」「あの子のことは SSW に相談するといい」などというふうに「仲介役」として助言することができるようになり、ストレスで休職にまで追い込まれそうな仲間を救えることもあるかもしれないのです。

　なお、基本的に SC は心理職、SSW は心理士や社会福祉士の資格をもつ人が多いですが、なかには元学校の先生という方もいます。一見、学校現場に精通しているので頼りになりそうですが、このタイプの専門家の課題は、教師という「指導・アドバイスする」ことが仕事だったときのスタイルからなかなか抜けられず、「評価しないで傾聴する、寄り添う、結果を急がない」を基本とする SC や SSW のスタイルに適応するのが難しいこともあるということです。

　いずれにしても、経験と知識（資格）は両輪です。どちらが大きすぎても前に進むことは難しいのです。

先生自身の一番のメンタルケアは残業を減らすこと

（高山恵子）

　子どもたちの安定は、まず先生方の心の安定から始まります。何より大切なのは、支援者のセルフケア、ストレスマネジメントなのです。そのための方法として、これまでご紹介してきた、マズローの欲求の階層、神経心理ピラミッド、3つのストレス、ポリヴェーガル理論を、子どもたちへの支援方法としてだけでなく、ご自分のセルフケアにぜひ使っていただきたいのです。

　そして、メンタルヘルスケアで何より重要なのは、**一人でがむしゃらにならない、頑張らないこと**。そのためには特に、5章で述べた他の専門家との連携、すなわち先生方ご自身が SOS を出せる人をつくっておくことが大切です。

　しかし、日常の業務は、教育の専門家としての先生がやらなければならないことが多くあります。ここでは主に教育的支援を効率良く進めるツール：PDCA サイクルを紹介します。その重要性については、ビジネス領域では常識になっているの

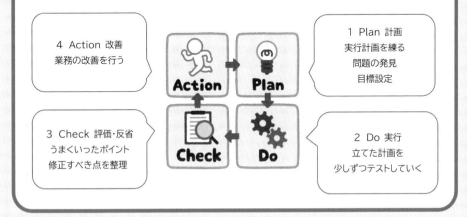

で、ご存じの方も多くいらっしゃると思います。

　PDCAを一言で言えば、**「うまくいかないことは繰り返さず、うまくいくことを実行する」**ことです。うまくいかないことは止めて、別の方法を試し、効果がある方法を見つける。うまくいかないことをいつまでも続けることは、残業を増やすことにつながると思いませんか？

　PDCAチェックをしていくと、いろいろな「やらなくてもいいこと」、「一人で頑張らなくてもいいこと」が見えてくるでしょう。皆さんが子どもとじっくりかかわる時間を持てない、やりたいことの準備ができない最大の理由は、仕事が多くて忙しすぎて、時間がないからです。

どんな仕事でも

「これは本当に私がやらないといけないこと？」
「本当に今必要なこと？」

　と考えてみてください。

　これは不登校支援についても同じです。先生方が自然に、意図せずやっていたことの必要性も、PDCAチェックによって洗い出されます。無意識にやっていたことが、合う子・合わない子がいるでしょう。一つの方法が全員に合うということはありません。この事実を受け入れることは、不登校指導をする上で重要なことです。学校現場には「がまんを続けることが美徳」という雰囲気があるかと思いますが、うまくいかなければどこかで止めたほうがいいです。

ここで大切なのは、うまくいかなかったとき、「私がダメ」と思うのではなく、「私の言動がNGだっただけ（言動を変えればいい）」と考えることです。これが自責を減らし、ご自分のストレスケアになります。一生懸命やっているのに結果が出ないというのは、とてもつらいことです。ご自分をさらに追い込まないためにも、PDCAチェックを回してうまくいく方法を探していただきたいのです。

　不登校支援のPDCAは、具体的には次のように進めていきます。

P：まず12のタイプのどの不登校にあてはまるかを見立て、目標を設定します

　ここで注意ですが、不登校支援の目標は「学校に来させること」ではありません。学校に来たほうが二次障害のリスクがある子もいます。先生がある程度心理の知識をもっていれば、心理職につなぐかどうかを見立てることもできます。もちろん、複数のタイプにあてはまる子もいると思うので、その子のつらさを傾聴し、共感し大元をしっかりと理解した上で目標を設定しましょう。

D：設定した目標に合わせて、うまくいくかどうか試行錯誤します

　仮に、登校するのがその子にとってベストな選択であるというプランで、そのために登校支援が必要だろうと見立てたなら、それを実践します。このプロセスが、子どものストレスになっていることが明らかになったら、すぐにストップして別の方法を考えましょう。

C：実行がうまくいったかどうか、検証します

登校支援はうまくいったのか、もしうまくいかなかったのなら何が問題だったのか、そもそもその子の「不登校」の下にある本当の悩みを理解していたのか、登校という「目標」は適切だっただろうか、あるいはその目標達成のために登校支援という「手段」をとったのは適切だっただろうか、あるいは登校支援の「ペース」が性急だったのではないか、といったチェックを再度します。

A：C を踏まえて目標設定や方法を変えて、試行錯誤します

　そこで、子どもの実態を踏まえるのはもちろん、可能なら子ども自身と一緒に改善策を考えることが理想です。安心安全がキープされ、先生との信頼関係がある場合、PDCA を子どもと一緒にすることが可能なら、自分でもなぜ学校に行かないのかわからないという子が多いので、子どもも自分のつらさの原因や自分の特性を理解するきっかけになるかもしれません。

　私は保育園、小学校、中学校、高校で巡回支援など、さまざまな現場でケース会議に参加してきました。そこでしばしば感じたことは、**何が本当に必要なのか、効果があるのかを十分に検討せず、「今まで先輩がやってきたから」「決まりだから」やっていることが多いということです**。それが残業につながっていることはありませんか？。かつてはうまくいった方法でも、今の子どもたちには合わない方法もあると思われます。私は先生方の残業を減らすための知恵として、以下のことを実際に教職員の研修などでお伝えしています。是非、今の指導が本当に有効か、チェックして頂ければと思います。

残業を減らすために有効なこと

1．研修：効果検証　PDCA

2．ケース検討会：事実確認　思い込みの排除

3．問題の発見と早期対応：問題が起こる前に、対応できることを早めにやる

4．親対応：タイプ別対応　共通目標を探る

5．宿題：個別対応と ICT の活用

6．校内での価値観、目標の共有と協力体制

7．校内の支援者を育てる：SC、SSW

8．縦と横の連携

9．支援者のストレスマネジメント：余暇の時間を確保してよい教育の提供を！

10．教育学以外の専門家に相談し、違う視点を持つ

『子どものトラウマと攻撃性に向き合う─ポリヴェーガル理論に基づくプレイセラピー』（リサ・ディオン著　三ケ田智弘監訳、2022年、岩崎学術出版社）

　不登校支援の文脈で、大人が子どもの攻撃性になすすべもなく立ち尽くすことは、一番きつい局面であると思われます。子どもに何が起こっているのか、どのように子どもと向き合えばよいのか迷い悩む時に、本書を手に取ってみてください。ポリヴェーガル理論に基づくプレイセラピーの実践者である著者は、「攻撃的行動を矯正すべき悪いものと見なすのではなく、どうしようもない恐怖や痛みを味わった子どもたちが、必要に応じてとった適応戦略である」と説きます。本書は、私たちの視野を広げ、目の前の子どもと再び向き合う勇気を与えてくれる本です。

（お役立ちサイト）
東京大学大学院医学系研究科・精神医学分野が運営するサイト「サポティーン」
https://supporteen.jp/

　10代〜20代の思春期青年期は自我が成長する重要な時期で、自我機能と関係性の深い精神疾患の発症が非常に多い時期でもあり、彼らに対するメンタルヘルスケアの重要性はますます高まっています。精神保健に対する理解形成を行い、将来、自分や身近な人のこころの不調があったときの適切な対応の実践を促すことを通して、社会全体の精神保健の向上に貢献することを目的として、本サイトは運営されています。サイトの中には、子ども向けのコンテンツの他に、学校の先生方向けのコンテンツもあり、無料で使える中学生や高校生向けのメン

タルヘルス教材もダウンロードしていただけますので、覗いてみてください。　　　（濱田純子）

6章

ポリヴェーガル理論を生かした 不登校の予防と対応

花丘ちぐさ・浅井咲子・濱田純子

この章では、不登校の状態にある子どもの支援で、具体的に心理、医療領域とどのように連携するのかを架空事例に基づき説明し、そこでのポリヴェーガル理論を生かしたサポートの実際もみていきます。

1 HSC かも……？身体症状に苦しむ中学生 (浅井咲子)

中学1年生　男子　海斗さん　東北地方在住
家族構成　父、母、2歳年上の兄、母方の祖父母が近くに住んでいる。
父親は公務員、子どもたちには厳格に接している印象。母親は昼間、週2日くらいパート勤務をしており、話し方や仕草から穏やかさがあらわれている。

経緯

　GW明けから登校を渋り、ほぼ毎朝腹痛や頭痛、吐き気を訴えるようになりました。海斗さんは痩身で、顔色が蒼白く、身体は小柄な感じでした。7月からは学校にいけない日が増えていき、夏休み明けからは登校できなくなりました。本人に聞いても特にこれと言った理由はなく、「体調が悪くなって、なんとなく行けない……」と言葉少なく語ってくれます。スクールカウンセラーさんには既に相談をしており、一カ月に一回ぐらいのペースで話を聴いてもらっていたそうです。

　両親は海斗さんがかかっている整体師さんからポリヴェーガル理論も取り入れたセラピーを教えてもらい、筆者を知ったという経緯でした。海斗さんとご両親と初めは一緒にパソコンの画面上でお会いしました。お父さんは、「このままでは大人になって仕事をしたときに、忍耐ができなくなるのではと心配し

ている」と語ってくれました。お母さんは、「特に朝の頭痛や腹痛に困っていて、どうしたらよいのか知りたい」と言っていました。「先生この子は、ネットで見た HSC（Highly Sensitive Child：高感受性を持つ子）なんでしょうか？」と質問してくださいました。

アセスメント1 神経の状態：まずはアセスメントです。海斗さんの頭痛、腹痛、吐き気は医学的には問題がないとのことでした。この場合、神経がどの状態にいるか、どちらかというと過覚醒なのか、低覚醒なのかを見ていきます。過覚醒と低覚醒は、コインの表裏のようなものです。最適な覚醒領域にいられなくなり穏やかなお休みの神経が使えなくなると、過度に興奮や緊張をしたとき（アクセル）の副交感神経系の選択肢（ブレーキ）は、背側の極度の温存状態（急ブレーキ）しかなくなります。ですから、海斗さんは、崩壊して元気がなく低エネルギーにみえながら、肩や背中はがちがちで、とても緊張しています。整体師さんにかかっていたのも納得できます。

　ポリヴェーガル理論を応用したセラピー（ポリヴェーガルセラピー：PVT）は、別名**ニューロセプションセラピー**とも呼ばれています。研究者であるポージャスの理論をもとに、ソーシャルワーカーの D. デイナによって開発されました（Dana, 2018）。過覚醒や低覚醒などが目に見えてあらわれている場合、ニューロセプションに働きかけるのに非常に役立つメソッドです。PVT では、臨床家が安全の合図を送り、防衛が当然の適応策であったことを理解し、認めることで調整に戻る手段を獲得していきます。**社会協働調整**と呼ばれるそのプロセスは、臨床家自身が表情筋を意識して、目の周りの眼輪筋を少し動かした

りして語りかけます。目の周りの筋肉を動かすことで、相手に安心を伝えることができるとされています。また声に抑揚をつける、相槌を高音で打つなどを通じてセラピストが安全を伝える合図とされているものを送り、クライアントは防衛を稼動しない状態、つまり腹側のつながりや背側の消化・休息の状態に入れるという経験を重ねていきます。このように臨床の場では、ニューロセプションに他者から働きかけてもらう受動的な経路（Passive Pathway）と、クライアント本人が自分で神経エクササイズ（Neural Exercise）や遊びなどの社会的な行動をするという能動的な経路（Active Pathway）両方を使って安心の生理学的状態、つまり最適な覚醒領域にいられるように導いていきます（Porges 2011；Porges & Phillips 2016；Dana 2018）。

アセスメント2　協働調整への参加の度合い：海斗さんは強い緊張と、極度の温存状態による**崩壊**という、いわばサバイバルの状態にいました。しかし、初回セラピストと2人で少しお話する時間を頂いたとき、こちらからゆっくりと安心のサインを送っていくと、画面やセラピストの話に集中したりして協働調整に参加しようとしてくれているのがわかりました。

　お母さんが事前に記入してくれた簡単な生育歴や発達歴のシートによると、虐待やネグレクトによって協働調整の機会が極端に欠落していたわけではなく、発達特性によってコミュニケーションに困難を抱えているわけではないことがわかりました。理解度は高く、小学校のころから中学校の1学期まで成績は各教科平均してよいとのことでした。さらに詳しい聞き込みは必要だったものの［詳しくは濱田（2022）を参照］、最適な覚醒領域にいられない理由に興味を持ちながらも、ニューロセプションに働きかけていくことを優先していきます。

海斗さんは、頑張って登校しようと自分にプレッシャーをかけながらも、調子を崩してしまうことに自信喪失の様子でした。崩壊が目に見えている場合は恥や罪悪感にさいなまれやすいのが特徴でもあります。これらは背側迷走神経系の極度の温存状態がもたらす感情です。とにかく休むということが重要で、安心を感じれば自然と極度の温存モードから抜け出てこられるのです。「とにかく休むことが薬だね」と言ってみたら、ホッとした様子でうなずいてくれました。

　Kain と Terrell（2018）は、**神経が最適な覚醒領域にいないときの原則は足し算より引き算として、負荷を少しずつ神経系から降ろして安心の生理学的状態に導いていくことを認知の歪みの修正などよりも先に行います**（7章）。ご両親は学校に行かせようと頑張っていましたが、関係、情緒、知能ともに一切問題ないので、今から2週間はプレッシャーをかけないでいてもらうようにお願いしてみました。

　初回は、こうしてご家族とご挨拶し、神経の状態、協働調整の参加度などアセスメントをして終わりました。

治療計画：子どもが、保護者の方や先生に勧められてセッションを受けている場合、ある程度面接の必要回数を示したり、私設のカウンセリングルームでは、料金についても経済的な状況などを加味して、面接をカスタマイズしていく必要があります。

　海斗さんの場合、スクールカウンセラーさんや整体師さんに既に会っています。より効率的に効果的に取り組んでいくために、どの要素が足りなくて、どこでお手伝いができるか、を考えて計画を立てていきます。その際に、スクー

ルカウンセリングに精通し、さまざまなコーピングスキルを子どもに伝授している Halloroan（2020）は癒しのための 5 つの要素として、

- ・リラクゼーション
- ・動き
- ・プロセッシング
- ・感覚
- ・気晴らし

をあげています。海斗さんは、副交感神経が働くように「リラクゼーション」については整体に通って施術を受けています。整体師さんといると少しホッとすると言っていたので、2 週間に 1 回くらいで通っていたのを 3 週間に 2 回にできないかを提案してみました。スクールカウンセラーさんとは、いわば、どんな感情や気持ちがあるのかを特定する「プロセッシング」をしています。数回会っている海斗さんは、「何でも聴いてくれる感じがする」とカウンセラーさんについて教えてくれました。気分を変えるために動きを取り入れる「気晴らし」、「動き」については、ご本人と一緒に日常の生活のなかで何が可能か、を探っていきます。

　オンラインの面接時間では、ポリヴェーガル理論をもとに主に30分〜40分の短いやりとりで、「感覚」について取り組んでいくことにしました。ニューロセプションが環境や人を安全と査定し、良好な生理学的状態へと着地するためには、自律神経の状態、すなわち身体感覚に少しずつ気づけるようになることが必要です。

オンライン画面には、横隔膜より上にある社会交流システムが主に映り、対面よりもずっと近くで神経の状態の変化を追っていくことが可能です。セラピストが出すさまざまな安全の合図をより近い位置でクライアントが受け取れ、微細な社会交流システムの変化を観察しやすいのです。そしてセラピストの声のトーンや抑揚を、ヘッドセットを装着して聴いてもらうことで、より社会交流システムのひとつである中耳筋に働きかけられるため、腹側の機能向上が期待できます。また絵文字などを使ってチャット機能などで遊べるという気楽な時間も生まれます。クライアント主導で音声や画像のオンやオフ、音量の調整を自在にできるのも便利です（浅井、2003）。

　彼／彼女が自分のテリトリーにいられるため、より安心の感覚が深まり、クライアントによってはリソース（ペット、趣味のものなど）を見せてくれることもあります。画面を通しているので、直にお会いするよりセラピストがサバイバルの状態に巻き込まれにくい、という利点もあります。タイムラグ、視線を合わせるのにカメラを見ないといけないなどの欠点もあり改善の余地ももちろんあります（同上）。

　1週間後の2回目、登校というプレッシャーが軽減されると、頭痛や腹痛は自然と少しずつ改善していきました。そして海斗さんにほんの少し体力や気力が戻ってきました。引き続き、受動的回路による安心をインストールしていくために、実際お休みしてみてどうだったか、ニューロセプションが最適な覚醒領域に入る、という経験について振り返ってみました。図を用いて説明しながらも、声に抑揚をつけたり、話のペースを合わせたりして安心・安全の合図を送っていきます。そして、能動的回路である神経エクササイズも紹介していきます。好きなアニメの主題歌で女性アーティストが高音で歌っているものを

ヘッドセットで聴いてみて、中耳筋を刺激して腹側を働きやすくすること、嫌な気分になったり、落ち込んだときにガムを噛む動作をしてみたり、リビングに行って家族の誰かがいる気配を感じてみたりなど、やりやすいものを提案していきます。

　また、生活のなかでの「動き」や「気晴らし」のどんなことができそうか探っていきます。昼夜逆転になってしまうのを防ぐためでもあります。海斗さんは母方の祖父母になついており、日中はおじいちゃんと畑にいったり、庭仕事をするのがよさそう、とご本人が教えてくれました。

　その1週間後の3回目、海斗さんは、日中はおじいちゃんと畑にいったり、庭仕事をしているうちに表情も随分リラックスしてきました。畑での作業の話、好きな植物などについてお話を聴きながら、その時のポジティブな感覚や感情、風景の言葉をスケッチブックに大きく書いてメモしておきます。会話が一段落したら、一つずつ読み上げながら、身体の感覚や感情を聴いていきました。「畑の緑」を思い出すと、身体のどこでどんな感じがしているか、「目が休まる感じ」などと答えてくれます。そうしたら「目が休まる感じがするんだね」と少し声に抑揚をつけて、オウム返しをします。これは「あなたの感じているものは、よいですよ」と感覚を関係性のなかで肯定することで、子どもは内側の感覚である**内受容感覚**を発達させていけるのです（Kain&Terrell 2018、2章）。こうして安心・安全のセンサーであるニューロセプションは洗練されていきます。

　海斗さんがサバイバル状態から少しずつ抜けてくると、次のようなことを話してくれました。

・小学校の時のようにクラスにあまり気の合う子がいない

・クラスでの発表や発言が緊張でしんどくなってくる

・部活では卓球部に入っているが疎外感を感じる。顧問の先生が2年生の試合に熱心になり過ぎて、1年生にはあまり力を注いでくれない

・友人や教師の目を気にしてしまう、悪口を言われているような気がする、馬鹿にされているのかも

・帰宅すると疲れてしまう

・次の日が来ると思うとすごく憂鬱になる

・塾では意気投合できる友人がいる

　協働調整のフィールドにいることよって、これらの話が気分の落ち込みで終わらないように、「話せてすっきりした」、「安心した」という経験になるように適度に質問をしながら共感して聴いていきます。そして、どの神経系の状態なのかを一緒に図を見ながら解明していきます。

　さらに2週間後、4回目になると、海斗さんは友人が遊びに来てくれた、と報告してくれました。それを機に学校にも行きはじめました。システムから負荷が降ろせ、ある程度安心の時間が確保されると、小学校から感じていた学校への不信感について話してくれました。

　それは、小学校のとき床にゴミが少しでも落ちていたら連帯責任として漢字を書かされるとか、ミスプリントで時間割を間違えたのに、みんなの前で叱責されたこと、などでした。中学に入ると、朝礼で体育の教師が怒鳴っていたり、音楽の先生が厳しく地獄のような時間になった、と話してくれました。何かあっても、気心が知れた友人がいれば腹側が働き、ある程度ストレスは耐えら

れるものになりますが、一年生でまた日が浅く、お互いの神経系の緊張や興奮を解消するというところまでのつながりがない状態だと、学校は非常に緊張を強いられる場所になります。

　不適切指導について語っている時も、海斗さんは話しながらも崩壊したり、脱力する様子はなく、自分の怒りを感じて力の感覚を得ているようでした。このように自分の「健全な怒り」とつながりながら、同時に目の前の人との関係でのつながりもあれば、ある程度の怒りや不安は許容でき、感じることができる範疇になります。そして、この怒りの活力の感覚に気づいてもらいます。すると、怒り（交感神経）を感じると恥や自責の感情（背側の極度の温存状態）に苛まれるという、いつものパターンに変化が訪れてきます。怒りが耐えられる交感神経の活性化になったので、背側でブレーキをかけなくてよくなったのです。

　癒しとは、今までなかった状態への気づきなのです。神経のパターンの変化によって、もちろん行動に変化が見られることもありますが、それがセラピーの目的ではありません。セラピーの目的はあくまで、この子が最適な覚醒領域にいられるようになることです。

　その後、海斗さんは部活で身体を動かす機会が思ったようになかったので、地区センターに一年生の部員の数名と行って卓球をする時間を作るようになりました。クラスで少しずつ話せる子ができるようになり、自信がついた様子でした。なにより、自分の神経系を知り、守りながら過ごし、今は負荷がかかり過ぎたら、お休みするのもいいとご本人も、ご家族も理解しています。

2 学校での嘔吐をきっかけに 不登校になった小学生 (濱田純子)

経緯

結衣子（仮名、11歳）が本格的に学校に通えなくなったのは、5年生の2学期でした。彼女は勉強も運動もよくできる優等生で、特に字がきれいで書道コンクールでは何度も賞を受賞していました。2歳下の弟は、先天性の遺伝疾患を持っており、合併症の心臓の手術等で入退院を繰り返していました。知的な遅れもありました。そのため、結衣子の母は、彼女が物心ついた頃から、弟の看病にかかりきりでした。母が病院に付き添いで泊まる時には、結衣子は、近所に住む母方の祖母の家に預けられました。

祖母は、夫（結衣子の祖父）を40代で亡くし、書道教室を自宅で開いています。躾に厳しい人で、女性も手に職をもって、自立しなくてはいけないよと常々言っていました。結衣子は祖母の自慢の孫でした。結衣子の母は、不安が強く、知的・身体的に障害のある息子を出産した自分を責め、何かあるたびに「ごめんね、ごめんね」と謝る癖がありました。結衣子の父は、無口で穏やかな人でしたが、多忙でいつも帰宅は遅く、家族とゆっくり話をする機会はありませんでした。弟の病状によって、家庭内には周期的に緊張感が漂いました。

結衣子がしっかりとして、どこか大人びて見えたのは、このような家庭環境が影響していたためかもしれません。彼女は、クラスの子どもたちが憧れる存在で、先生からも一目置かれていました。教室で、やんちゃな男の子の隣の席に配置されて、いつもお世話係のような対応を見事にやっていました。ただ、優等生すぎて、なんとなく近寄りがたい存在だと周囲に思われていたようです。

クラスの中で、何でも自由に話せる友達はいませんでした。唯一、同じマンションに住む七海とは、幼稚園からお互いの家を行き来する間柄でした。しかし、七海が中学受験を目指すために進学塾に通うようになると、自然と距離が広がるようになりました。

　結衣子は5年生に進級すると「おばあちゃんの家に行くよりも一人で留守番する方がいい」と言い、自宅で一人で過ごす時間が長くなりました。病院から帰った母がすぐに夕飯を作れるようにご飯を炊いたり、洗濯物を取り入れたりするのも結衣子の役割で、自ら進んでこなしていました。勉強もきちんとやっていました。

　しかし、その頃からなんとなくイライラすることが増え、祖母を避けたり母に当たったりすることが多くなりました。ある日、学校で周りの女の子たちがアニメの話で盛り上がっているのを見ていると、突然彼女たちの声が遠くに聞こえるような感じがしました。最初結衣子は、耳が悪くなったのではないかと驚きました。彼女たちとの間に、透明な膜があるように感じて、一人だけ、みんなと同じ空間から切り離されたような離人感を感じたのです。その感覚は、その後も、何度も経験したそうです。特に学校の教室や祖母の書道教室で感じることが多く、他の人たちの声は遠くに聞こえるのに、自分の心臓の鼓動だけが大きく響いて怖かったと言います。腹側の働きが弱まって、社会交流に支障をきたしていました。

　結衣子は、「一体どうしちゃったのだろう……」と不安に思いながらも、誰にも相談できずにいました。自分はこのまま消えてしまうのではないか、自分の居場所は、この世の中のどこにも無いのではないか、無いのならいっそこのまま消えてしまいたい、消えてしまったらどうなるのだろうと、一人で考え込

むことが増えました。学校でも集中できなくなり、何をするにも疲れを感じました。そして、些細なことでイライラしたり落ちこんだり、突然涙が出たりすることもあったと当時を振り返ります。そんなある日、学校で嘔吐してしまったのです。

その日、結衣子は5時間目に突然気分が悪くなり、保健室に行く許可を得ようと立ち上がった瞬間、嘔吐してしまいました。自分でも突然の出来事に驚き、周りの人たちに取り囲まれて、気分の悪さと恥ずかしさで顔を上げることができず、その場にうずくまりました。実際には、周りのクラスメイトたちは心配そうに見守っていただけでしたが、彼女にはクラスメイトたちが指さして笑っている声が聞こえたそうです。養護教諭が駆けつけ、結衣子は保健室に連れて行かれました。母が迎えに来てくれた時、担任の先生が鞄を持っていたので、結衣子は教室に戻らなくて良いのだとわかり、少しほっとしました。

帰宅すると結衣子は「熱もないし、もう大丈夫」と平気な様子で過ごしました。しかし、翌朝、胸のあたりが気持ち悪くて、体には力が入らず全く動けないのです。お昼になると気分は改善するのですが、翌朝にはまた同じ症状が出て、体が言うことを聞いてくれません。結局1週間、学校を欠席してしまいました。担任の先生は心配して電話をかけましたが、結衣子も母も、どうすればよいかわからないということで、校内で話し合いがもたれ、養護教諭とスクールカウンセラーが担任に小児科受診を勧めるよう助言しました。

小児科受診の話を母から聞いた結衣子は、みんなに心配をかけて申し訳ないという思い、自分の身に何か良くないことが起きそうで怖いという思い、自分は消えてしまっても良いし、ほっておいてもらいたいという思いなど、さまざまな思いが頭の中で渦巻いて混乱しました。けれども、小児科の先生の名前を

聞いた時、結衣子は「先生のところにだったら行ってもいいかも」と思いました。昔、お世話になったことを思い出したのです。幼稚園の卒園式の前に瞬目のチックが出た時に、先生は「がんばり病だね」と言って、「お薬も飲まなくていいし、注射もしないけど、たくさん遊んでね」と優しく伝えてくれた先生だったのです。

　両親に連れられて、結衣子は翌朝一番に小児科を受診しました。先生は、診察室で話を丁寧に聴いてくれました。結衣子は、最近体が疲れた感じがして食欲がずっと無かったこと、学校で嘔吐してから登校できなくなってしまったこと、学校のことを思い出すと嘔吐しそうに感じて気持ち悪くなること、今までにも時々離人感を感じて怖くなっていたことなどを語りました。先生は診察を終えると「体の方は、心配いらないよ。でも、もしかしたら結衣子ちゃんの心がすり減っているのかもしれないね」と言いました。そして「児童精神科の先生のところで診てもらうといいよ」と、すぐに紹介状を書いてくれました。

　その後、結衣子は大学病院の児童精神科に通うことになり、心理士の先生との面接が始まりました。自分のことを知るために心理検査をいくつか受け、完璧主義の傾向があることや、気持ちを抑え込みすぎていることを知りました。検査結果のフィードバックでは「自分の気持ちはとても大事なもので、どんな気持ちでも抑えずに感じたり表現したりして良いこと、好きなことや楽しめることを行うことが大事」だと教わります。その後、結衣子は、教室に入ることを考えると苦しくなって体が動かなくなることに対して、2週間に1回のペースで、ソマティック・エクスペリエンシング® トラウマ療法（SE™）という心理療法を受けました。

　ソマティック・エクスペリエンシング® トラウマ療法（SE™）は、アメリ

カ NASA 航空宇宙局でも利用されている信頼性の高い心理療法で、慢性的な
ストレスやトラウマの症状を軽減するための神経生理学的なアプローチを、本
人の主体性を尊重しながら本人のペースで実施していくというものです。この
心理的な介入が奏功し、結衣子は徐々に落ち着きを取り戻しました。自宅でで
きるセルフケアについても学び、対処力も向上し、離人感は消失しました。
「心理療法を受けて、自分の心がだんだん丸く柔らかくなっていく感じがしま
す」と彼女は表現しています。

　2月の初めに心理士の先生は学校に出向き、副校長、学年主任、担任、養護
教諭、スクールカウンセラーの先生たちと顔合わせを行い、みんなで結衣子を
サポートする体制もできました。放課後、母と一緒に職員室に行って担任の先
生から1週間分の課題を受け取ることからはじめて、3学期は保健室や相談室
で過ごす時間が徐々に増えました。6年生に進級すると、結衣子は新しい教室
に通えるようになり、自信を取り戻します。月に1回、病院の心理士の先生と
のカウンセリングを継続しています。

解説

　子どもが不登校の症状を示した時、周囲の大人は、しばしば不登校の原因を
追求しようと躍起になりがちです。しかし、不登校になってしまった子ども自
身も、なぜ登校できないのかわからず、語れないことが多いですし、不登校の
原因は単一ではなく、さまざまな要素が複合的に絡み合っていることが通例で
す。そのため、保護者、学校、医療機関などが連携する際には、不登校の原因
の追求に囚われるのではなく、子どもが将来幸せに自分らしく生きるためにど
うすれば良いかというゴールを明確に共有することが何よりも重要です（再登

校が必ずしもゴールではありません）。

　結衣子のケースでも、不登校のきっかけは学校での嘔吐でしたが、さまざまな要因が複雑に絡み合っていたケースと言えます。結衣子自身が強い不安や完璧主義の性格傾向を持っていたことや、家庭では、障害を持つ弟がいたために甘えることが難しいことや祖母の過干渉の問題がありました。学校での同年代との親しい友人関係の構築の程度も気になる要素です。そのような中、連携は、まず、担任の先生が一人で対応するのではなく、校内の専門家に相談し、小児科受診を保護者に提案することから始まりました。そして小児科医の紹介を通じて児童精神科の医師や心理士と学校の先生たちがつながり、スモールステップで環境調整が行われます。ゴールが明確に共有された良い連携の下支えを得て、結衣子や保護者の安全・安心感が高まり、腹側が働くようになって、結衣子はリカバリーに向かいました。

　ところで、10代は、さまざまなこころの病気が出現し始める時期です。あるコホート研究では、成人のこころの病気の 4 分の 3 は24歳までに明らかになることが示され、中学生の約14％がなんらかのこころの不調を経験し、とくにその不調が強い場合には、青年期に至っても社会生活に何らかの影響を被ることが示唆されています。（Kessler RC et al., 2007）

　また、その一方で、10代のこころの不調は典型的な症状群を形成しない場合も多く診断も困難ではありますが、早期に発見し医療機関と繋がり心理的な負荷を下げる体制をとることで、こころの病気の発症には至らずにすむことも多いようです。このような10代のメンタルヘルスについての知識が一般には十分には知られておらず、治療の機会を逸してしまうことはとても残念なことで、メンタルヘルス教育の充実が望まれます。

2020年度に改訂された新学習指導要領では、小学5、6年生で学習するこころの健康について「こころの発達並びに不安や悩みへの対処について理解するとともに、簡単な対処をすること」という内容が加わりました。こころの不調は誰にでも起こりうるものであると学ぶことや、こころの不調を感じた時に助けてと援助要請できる力を養うことは、こころの病気の予防のために今後より一層大切になるでしょう。

　結衣子のケースでも、離人感の症状が進行し、幻聴や幻視などの症状に至るリスクや、摂食障害が深刻化する可能性もありました。しかし、幸いにも早期に医療機関との連携が図られ、保護者、学校、医療機関の良好な関係のもとに、結衣子は回復に向かいました。結衣子は心理士との面談の中で「自分自身の本当にやりたいことについて、今まで全く考えたことがありませんでした。ただ、やらなければならないことをずっとこなしてきただけです。何かを達成しても、できたことに喜びを感じたことはなく、それが当たり前だと思っていました。逆に、できなかった場合の不安が常に大きく、心配ばかりが募っていたのです」と述べています。結衣子にとって、約半年間の不登校期間は、自分らしく自分の人生を生きようと脱皮するために必要な蛹（さなぎ）の期間であったのかもしれません。

3 危うく深いトラウマに陥るのを防いだ例 (花丘ちぐさ)

経緯

　中学2年生の美恵さん（仮名）は、父方の祖父と両親、高校1年生のお兄さんの5人家族です。父親は忙しい会社員で、母親は、週3回パートに通っています。美恵さんは、公立の中学校に通っていて、成績は中の上くらいで、クラスにもなじみ、部活ではバスケットボール部に属して活動を楽しんでいました。バスケ部では、試合に出るほど強くはないのですが、毎日の練習を楽しみ、また、仲間が試合に出るときは一生懸命応援するような、素直な性格です。

不登校に向かう初めの兆し：美恵さんが、調子を崩し始めたのは中学2年の5月頃からです。家に帰ってきても、以前のように学校のことをあまり話さなくなりました。家でもぼんやりしたり、ため息をついたりすることが多くなりました。また、朝なかなか起きられなくなりました。今までは、バスケの朝練があるので、早く起きて元気に登校していましたが、「頭が痛い」「おなかが痛い」などといって、いったん起きてきても、「やっぱりムリ」といってまた寝てしまったりします。そのうちに、朝が起きられなくなり、毎日のように遅刻するようになってしまいました。このころお母さんは、美恵さんの調子が悪くなった兆候は、はっきりとつかんではいませんでした。思い出してみると、5月頃から、あまり笑わなくなったようでした。でも、お母さんもパートと家事の両方を一手に抱え、さらに、4月から始まったお兄さんの毎朝のお弁当作りに追われており、美恵さんの様子をしっかりと把握していませんでした。

朝遅刻するようになり、朝ごはんもあまり食べない美恵さんに、最初はお母さんもイライラしていました。お母さんも疲れがたまっていたようです。「いつまで寝てるの？せっかくご飯作ったのに、また食べないの？」「いい加減にしなさい」ときつい言い方をしてしまいました。そうすると美恵さんは「うるさいなっ」と言い返します。時には二人で言い合いになることもありました。最後、美恵さんは自分の部屋に閉じこもります。

不登校が本格化：6月頃からは、朝全く起きてこなくなり、学校に行かない日が続きました。お母さんはこの時、明らかに何かおかしい、と感じました。身体の具合が悪いのか、学校でいじめにあっているのか、美恵さんにいろいろ優しく聞きますが、何も言わない美恵さんに、ついイライラして、「だったらもう知らないから」と怒ってしまうことが重なりました。お母さんは、どうしてよいのかわかりません。

　美恵さんのおじいさんは、高度経済成長の時代に仕事一筋で生きてきたサラリーマンです。退職してからは、週4日ほど嘱託の仕事に出かけ、あとは、退職後に通い始めたスポーツクラブの仲間とゴルフの練習をしたり、好きな映画を見に行ったりする生活です。忙しいお母さんには、ある程度気を使い、一線を引いて、「息子夫婦のことには口出ししない」をモットーにしていました。出された食事はなんでも喜んで食べ、後片付けも少し手伝い、自分の部屋は自分で掃除し、自立した生活をしています。

　ところが、美恵さんが学校に行かずに家にいるのに気づいたおじいさんは、

急に怒り出しました。「こんなに恵まれているのに、何をわがまま言っている。おじいさんが若いころは、学校に行きたくてもいけない人がいたんだ。登校拒否とは何事だ！お母さんに甘えるのもいい加減にしなさい」と声を荒げて言います。今まで「家のことは口出ししない」と、理解的だったおじいさんが、急に態度を変え、「美恵の根性を叩き直さないといけない」と血相を変えます。

ポリヴェーガル理論のレンズを通してみると……

　美恵さんから笑顔が消えたのは、何らかの理由で、美恵さんの社会交流システムが働かなくなっていることがわかります。お母さんは、責任感を持って家族のために一生懸命ですが、疲れているために、美恵さんから送られてくる「安全ではない」という「非言語の合図」を受け取りそこなっていました。お母さんは心配のあまり、美恵さんにきつい言い方をします。美恵さんも言い返します。二人とも社会交流システムから外れて、交感神経優位な、闘争反応に入っています。その後、美恵さんは部屋に閉じこもるという、逃走反応を示します。交感神経優位な闘争逃走反応を続けた結果、美恵さんの神経系は耐えられなくなり、背側迷走神経優位な凍りつき、シャットダウンに入ります。こうして、朝身体が重くて起きられない、という現象が始まりました。

　ここで、おじいさんが不安のあまり、社会交流システムを離れ、交感神経優位な闘争反応を示します。孫のためといっていますが、怒る、血相を変えるという生理的反応は、社会交流システムではなく、交感

神経系が優位になっていることがわかります。つまり、自分の感情調整ができなくなり、他罰的になっています。また、おじいさんは「不登校」という言葉を知らず、「登校拒否」といっています。子どもが学校に行かれない状態であることがわからず、自分から行かない選択をしていると思い込んでいます。ですから、「甘えた根性を叩き直さなければ」という発想に至るのです。

お母さんのシャットダウン：今まで、穏やかでほとんど怒ったことのないおじいさんが、声を荒げる姿をみて、今度はお母さんがすっかり取り乱してしまいました。そして、「美恵をかならず学校に行かせますので、許してください」と、泣きながら謝りました。おじいさんは、さすがに言い過ぎたと気づいたのか、黙って部屋に入ってしまいました。それから、お母さんは一気にうつ状態に入りました。まったく笑顔が消え、ロボットのように家事をこなしますが、何も話さなくなりました。夕飯を作っているときに、台所で泣いているようです。そのころ、しばらく登校してこない美恵さんのことを心配して、担任から両親に呼び出しがかかります。お父さんは連日の深夜帰宅で、お母さんは何も相談できません。切羽詰まったお母さんは、夜遅く帰って来たお父さんに、美恵さんが学校に行っていないこと、担任から呼びだされたことを伝えます。

　お父さんは、ここ数か月、仕事で厳しい局面を迎えていました。お父さんが働いている会社では、新製品を売り出しましたが、競合他社の製品が売り上げを伸ばしており、お父さんの会社の製品の売り上げは思うように伸びません。

販売の責任者であるお父さんは責任を問われていました。お父さんは、深夜まで奔走していました。疲れて帰ってきて、お母さんから突然美恵さんの不調について聞かされたお父さんは驚きました。思わず、「お前がちゃんと見てやらないからじゃないか？」「頼むよ、何やってるんだ」「とにかく今日は寝かせてくれ」といいました。お母さんは泣き出してしまい、そこからは、言い合いになってしまいました。美恵さんは夜遅く言い争っている両親の声を聞きながら、「自分さえいなくなればいいんだ」と思い始めていました。

ポリヴェーガル理論のレンズを通してみると……

　普段は穏やかなおじいさんが、声を荒げたのは、理解できない事態について混乱していましたし、やはり美恵さんのことが心配だったからでしょう。おじいさんの神経系は一気に防衛に入ってしまいました。おじいさんは、お母さんを責めるつもりはありませんでしたが、お母さんは自分の責任だと思ってしまいます。お母さんは、あとになってカウンセリングを受けた時に、自分のトラウマに気づきます。実は、子ども時代、厳しいお父さんからいつも責められて育ちました。そこで、義父の怒った姿を見て、フラッシュバックが起きてしまったのです。また、子どものころいつも責められていたお母さんは、自他の境界線をしっかりと築くことができなかったので、子どもの状態について、すべて責任を負わなくてはならないと感じてしまいました。あまりにも重圧を感じたために、背側が優位となり、凍りつき反応に入ります。そのため、表情や感情が消えて、うつ状態になりました。

また、お父さんも心身ともに疲れ切っていましたから、深夜の突然の報告に戸惑い、神経系がやはり一気に防衛に入ってしまいました。まずは、お母さんを責めるという闘争反応を起こし、そのあとは、話し合いを拒絶して、寝かせて欲しいという逃走反応を起こします。

　美恵さんは、両親の言い争う声を聞いて、「自分さえいなくなればいい」と極論してしまいます。美恵さんは学校に行かれないことで、自分を責めたり、悲しみに浸ったりしていました。つまり、交感神経系と背側の間を行ったり来たりしていたのです。そのようななかで、両親の言い争う声は、「危険の合図」となり、美恵さんはますます自分を追い詰め、極端な思考へと落ち込んでしまいました。自分なんかいなくなればいい、というのは、闘争反応が内向きになっている状態です。

　お父さん、お母さん、おじいさん、美恵さんの４人とも、非常にストレスのかかる状態の中で、社会交流システムが働かなくなり、交感神経系の闘争逃走反応を示したり、背側のシャットダウンを起こしたりしていることがわかります。

みんなで協力して乗り切る：おじいさんは、ひとまず気持ちを落ち着けて、知り合いのつてをたどって、退職した学校の先生から話を聞くことができました。そして、昔と違って今の子どもたちはストレスが非常に高い生活をしており、

不登校の子どもたちも全国で約24万人もいること、原因はさまざまで、一人一人状況が違うので、丁寧に接していく必要があること、心理カウンセリングも効果があること、お母さんが非常に強い心理的ストレスを感じるケースが多いので、お母さんのフォローも必要であることを知ります。

　おじいさんは、夕食の時間にお兄さんに切り出します。「お前の弁当は、これからはおじいちゃんが作ってやる。2つ作って、一つは会社にもっていって食べる。お母さんは疲れてるからな。お母さんが落ち着くまではオレの弁当を食え」というのです。お母さんもお兄さんも驚きます。お母さんは、責められていると思い込んでいましたが、おじいさんの温かい申し出に、ほっと心が緩みました。お兄さんは心配そうに、「おじいちゃん、お弁当作ったことあるの？」というと、おじいさんは、「卵焼きぐらいなら作れる」といいます。そこで3人が笑い出しました。美恵さんは、まだみんなと一緒に食卓について食事をすることができず、部屋に引きこもっていましたが、笑い声を聞いて、なんとなく安心しました。

　お父さんも、会社の大混乱はわきに置いて、お母さんといっしょに学校の担任の先生との面談に参加しました。そこで、「女子バスケットボール部で、何かもめごとがあったらしい」と聞きます。そこに原因がありそうです。また、スクールカウンセラーとの面談も勧められました。お母さんはスクールカウンセラーと面談し、スクールカウンセラーの穏やかな笑顔や、温かい声を聞いて、ひとまずほっと安心します。学校では深いところまでの面談ができないということで、お母さんは、スクールカウンセラーの知り合いの、トラウマ療法の専

門家のセッションを受けることにしました。お母さんは、美恵さんを見守り、学校に行くことは強制せず、食事も美恵さんの部屋に運んだりしてあげながら、自分の内面のワークを続けていきました。バスケ部のもめごとについても、聞きたい気持ちはありますが、美恵さんが話す準備ができるまで待つことにしました。カウンセラーとのセッションの中で、お母さんは、子ども時代、厳しいお父さんから責められて育ったことを思い出し、自分がフラッシュバックを起こしていたことに気づきます。

ソマティック・エクスペリエンシング®トラウマ療法（SE™）のセッションを受けながら、お母さんは、自分の子どもの頃のトラウマを解放し、また、世代間伝搬してきた家族のトラウマについても再交渉を行いました。お母さんの雰囲気が、少しずつ変わっていきました。ある日、お兄さんが夕食の時におじいさんに言いました。「おじいちゃん、今日の弁当、めちゃうまかったよ」。するとおじいさんは、「ああ、あれは総菜屋のおかずだ」というので、3人で大笑いをしました。美恵さんは自分の部屋まで聞こえてくる家族の笑い声を聞きながら、何か心の中の氷が解けていくのを感じました。

ポリヴェーガル理論のレンズを通してみると……

お母さん、お父さん、おじいさん、美恵さんは闘争逃走反応やシャットダウンを起こしていましたが、お母さん、お父さん、おじいさんは、美恵さんをサポートするために社会交流システムへ戻ろうと努力を始めます。お父さんは面談に一緒に行ってお母さんを支え、お

じいさんはお母さんの家事負担を減らします。お母さんも、勇気を
もって自分の内面のワークに取り組みます。スクールカウンセラーや
トラウマ専門カウンセラーの、穏やかな笑顔や韻律に富んだ声は、お
母さんの社会交流システムを目覚めさせ、お母さんを癒しへと導きま
す。お母さんの心の深いところに巣くっていて、肝心な時に大暴れす
るトラウマを解放していくと、家の雰囲気も変わります。家族の笑い
声は、美恵さんにとって、安全の合図として伝わります。安全の合図
が伝わると、凍りつきも溶けていくのです。

安心の中で美恵さんが語り始める：家の雰囲気が変わり始めると、美恵さんは
ぽつりぽつりとお母さんに自分のことを話し始めました。美恵さんが所属してい
るバスケ部が、県大会で惨敗してしまい、そのことで監督が激怒し、何人かの
メンバーを激しく叱責し、ボールをぶつけるなど体罰をしたとのことでした。
美恵さんはそれ以来、監督が怖くなってしまい、さらには、バスケ部の雰囲気
も悪くなり、友達同士で非難しあうような雰囲気になってしまったそうです。
そして、ある日バスケ部で仲の良かった友達数人から呼び出され、「あなたは
思いやりがなくて身勝手だし、話し方が人を傷つける」と散々非難されたそう
です。今まで仲良しだと思っていた友達の打って変わった冷たい態度に、美恵
さんはショックを受けます。「自分はこのままではいけないんだ」と思うと、
話をするのが怖くなってしまいました。

　さらに、追い打ちをかけるようにショックなことが起きました。バスケット

ボールを練習していると、男子生徒が、なぜかこちらを見てくすくす笑っています。美恵さんは怒って、「なによ、あんたたち」と言うと、男子生徒たちは、「胸が揺れてるよ〜」「いいもの見せてもらいました〜」などと言うのです。美恵さんは、次第に身体が女性らしく成長してきて、自分でも戸惑いを感じることがあるのですが、自分が性的な対象として見られているという体験は初めてのことでした。恥ずかしいと感じましたし、なにか、貶められたような気もしました。このことが最後の一撃となり、バスケ部の活動を続けることができなくなってしまいました。練習を休むと、仲間から非難されますし、ますます学校に行きづらくなってしまった、ということです。また、お母さんにとっては意外でしたが、美恵さんは、「お兄ちゃんも気持ち悪い」というのです。兄から何かセクハラのようなことがあったのかと、お母さんは血の気が引く思いでしたが、美恵さんは、「それは絶対ない」というのです。でも、お兄ちゃんがイヤだと言います。そのために、自分の部屋から出るのもイヤなのだと言います。お母さんは困ってしまいました。

ポリヴェーガル理論のレンズを通してみると……

　美恵さんは部活での体罰を目撃します。直接暴力を受けなくても、こうしたトラウマ的な出来事を目撃することもトラウマ体験になります。さらに、トラウマがトラウマを呼び、友人関係が壊れていきます。かつては社会交流システムで結ばれていた友達が、監督の暴挙により、闘争逃走反応に入ってしまい、仲間を攻撃してしまいます。美恵さんは、信頼が裏切られた上に、居場所もなくしてしまいます。大げさに

聞こえるかもしれませんが、子どもにとっては、学校や部活は人生で大きな位置を占めており、そこで仲間外れにされると、子どもにとってそれは「社会的な死」になり得ます。美恵さんは、客観的に見てごく普通の言葉遣いで話しており、特に問題のある話し方はしていませんでした。しかし、友人たちは、自分の傷つきの苦しさから、美恵さんを批判します。中学生にとって、友達は非常に大きな位置を占めています。ですから、美恵さんは友達からの批判を、そのまま受け取り、自分が悪いと思ってしまいました。

その上に、美恵さんは予想しないところで性被害にあいます。ちょっとからかわれたくらいで、性被害などと、そんなに深刻にならなくてもよいのでは、と思うかもしれませんが、思春期の多感な時期、今までは友達だと思っていた男子生徒から、性的対象として見られ、さらに、揶揄さたことで、美恵さんは強いショックを受け、傷つきます。すでに神経系が安定を失っていたところに、性被害を受けたことで、学校に行かれなくなってしまいました。

では、なぜ美恵さんはお兄さんに拒否感を抱いたのでしょうか？トラウマを被ったとき、ショックの中で、関係ないものが強く結びついてしまうことがあります。これを SE™ では、オーバーカプリングと言います。例えば、ネコを避けようとして自転車で転んでしまい、ケガをすると、それ以来ネコが怖くなってしまったりします。あるいは、長靴を履いていて転んだら、転ぶことと長靴が結びついてしまい、

長靴をはくのを嫌がるかもしれません。このように、ショックの中で
あるイメージが強く結びついてしまうことがあります。

　美恵さんの場合は、思春期の男子は、みんな自分のことを性的な対
象として見ている、というオーバーカプリングを起こしたようです。
そのため、家でもお兄さんの気配がするだけで怖くなり、嫌悪感を抱
くようになってしまったようです。

　美恵さんもトラウマから自由になる：お母さんは、何かわからないことが
あったら、カウンセラーに相談するという習慣がつきました。美恵さんのこと
も、どう対応してよいかわからないので、早速カウンセラーに相談してみまし
た。トラウマを専門とするカウンセラーは、美恵さんもセッションを受けてみ
ることを勧めます。カウンセラーによると、美恵さんにはとりあえず3つのト
ラウマ体験があるというのです。一つ目は、監督による暴力の目撃、二つ目は、
友人たちからの感情的加害行為、三つ目は、男子生徒たちからの性被害です。
美恵さんは、自分が悪いのだと思い込んでいましたが、それがトラウマなら、
セッションを受けてみたいと言いました。美恵さんは数回の SE™ セッション
を受けて、未完了になっていた闘争逃走反応を完了し、神経系のシナプスのつ
ながりを組み替え、「怖い」という思いから解放され、「自分は対処できる」と
いう自信を持てるようになってきました。また、お兄さんは、性加害をした男
子とは全く違う存在なのだ、ということが納得できるように、SE™ の技法で
オーバーカプリングを解消しました。

さらに、すぐに登校を再開することはできないので、まず、親しい友人に家に来てもらい一緒に遊ぶことから始めました。美恵さんは、一時人が怖くなってしまっていたのですが、幼稚園の頃からの友達と会うと、何も変わらず、幼い時のまま、お互いを名前で呼び合い、安心して遊ぶことができました。それから、美恵さんは安心して登校するために、バスケ部の退部の手続きをしなくてはなりませんでした。お母さんは心配で、「代わりにお母さんが行ってあげようか？」と聞きましたが、美恵さんは、自分でしっかりと区切りをつけたいと言いました。お母さんは担任の先生に事情を話しました。バスケ部の顧問の先生に退部届を出すときに、担任の先生も一緒に行ってくれることになりました。先生同士、トラブルを避けようと思ったのか、顧問は何も言わず、おかげで美恵さんはさらりと何事もなく退部できました。

　部活を途中で辞めてしまい、またいじめなどにあわないか、お母さんは心配していました。ちょうどそのとき、新たに、学校に SDGs を導入する活動が始まるということで、美恵さんはそちらのメンバーになることに決めます。自分もいろいろつらい体験をしたので、美恵さんは、みんなが幸せに暮らすにはどうしたらいいか、考えてみたいと思うようになりました。また、美恵さんは、一時はお兄さんを避けていましたが、もうこの頃は気にならなくなったようで、お兄さんが通っている高校を受験することを考え始めたようです。「楽しそうだし、お兄ちゃんもいるから安心」と笑っている美恵さんの笑顔を見て、お母さんもほっとしました。

ポリヴェーガル理論のレンズを通してみると……

　美恵さんの決定的な回復を支えたのはトラウマ解放療法でした。身体に刻まれたトラウマは、専門家の手を借りて解放することが一番の近道です。美恵さんの３つのトラウマを、SE™の手法を使って、無理なく、安全に、ゆっくりと解放しました。それから、そのあとも登校をせかすのではなく、できるところから少しずつ、人とのかかわりを再開していきます。これは SE™ では、タイトレーションと言って、神経系に負荷をかけすぎないように、少しずつ刺激を増やしていきます。

　今までは、人が危険の合図だったのですが、美恵さんの社会交流システムが回復するにつれて、人を安全の合図として感じることができるようになっていきました。また、担任の先生の協力を得て、自分にふさわしくないと感じた活動には、自分の手で終止符を打ちました。美恵さんは、人の助けを借りることも学びましたし、自分でできるだけ対処する勇気も身に着けました。そして、自分の辛かった体験を通して、ほかの人の幸せのことも考えられるようになっていきました。これは、トラウマ後成長と言われる心の変化です。さらに、お兄さんに関するオーバーカプリングも解消し、再び、お兄さんの存在を安心の合図として捉えることができるようになりました。

　お母さんが自分のトラウマから解放されることで、娘さんのトラウ

マ解放の道筋ができ、娘さんは、トラウマから解放されるとともに、トラウマ後成長を体験します。そして家族の絆が戻ってきました。家族が社会交流システムで結ばれて、難局を突破できなかったら、美恵さんは深いトラウマを追って、この後も苦しい道を歩むことになっていたかもしれません。

　私たちは、強いストレスにさらされながら生活しています。誰かが、どこかのタイミングで調子を崩すことがあっても不思議ではありません。ですから、それを病気だとか、問題行動などと呼ぶのではなく、神経系の自然な流れとしてとらえて、科学的に対処していく必要があります。そして、科学の最先端ともいえるポージェス博士のポリヴェーガル理論は、「思いやり」と「助け合い」が最も効果的だと教えてくれています。ポリヴェーガル理論は、私たちの灯台として、行く道を照らしてくれます。

4 クラスみんなでできる、不登校予防に効く 神経エクササイズ（浅井咲子）

少しの工夫で神経を整える場になる、集団生活

　「学級の人数が30人、40人いるなかで、どう一人ひとりの神経に取り組めば いいんですか？」という質問をよく受けます。学校というのは交感神経系の活 力や興奮があり、いわゆる活性化が高い場所です。子どもはまだ腹側が発達の 途上にあり、思春期ならばホルモンの影響で、言動のコントロールが難しいと いうこともあるでしょう。

　そこでの教員や援助職は、オーケストラのマエストロのような役割です。ま ず、大人が最適な覚醒領域にいることで、集団をハーモニーに向かわせるとい うことが可能なのです。教室で問題行動があったり、元気がない子を見かけた ら、その子の神経に働きかけて安心へと導くことで、その効果が波及し、クラ ス全体にも働きかけられるのです。この身心の「調整」という介入が少しある と、子どもも先生も楽になります。

支援者自身のセルフケア第一！

　しかし何よりもまずは、支援者自身のセルフケアです。集団のワークの前に、 先生や支援者の方々に知ってほしい、現場でできる神経の調整方法についてお 話します。調整された状態でいられるように４つのなかで、どれでもよいので やってみましょう。どれか一つでも思いついたものをやるのでかまいません。

セルフケア①　腎臓を落ち着かせる

　「腎臓ってどこ？」と思うかもしれません。服の上から、背中の腰のあたり左右両方に手を当ててみましょう。腎臓には休息・消化モードである背側が通っています。手を置いたあたりが少し重力に従うようになったり、大きな呼吸が起これば、落ち着きへと向かっている証拠です。夜寝るときに、横になった状態で5分位でもよいので、手を当ててみるのもよいでしょう。腎臓を意識することを習慣にすれば、過覚醒の状態から抜け出すことが上手くなり、より落ち着いて冷静に対処する能力が向上していくでしょう。

セルフケア②　フーっと長く息を吐く

　吸気より呼気を長く吐いてみます。もしできれば、下唇のあたりに息をあてるように息を出してみます。腎臓に手を当てて落ち着くなら、手を腎臓においたままやってみてもよいでしょう。落ち着きながらも適度に覚醒している状態に気づけたら、うまく腹側がオンラインになって、つながりにいられる準備ができている状態です。

セルフケア③　たまに頬に触れてみる

　社会的につながるとき、わたしたちは表情を使います。顔は社会交流システムの重要な一部です。ちょっと頬に手でふれてみてください。触れた感覚がどんなふうに拡がってくるか、気づいてみます。しばらくすると大きな呼吸が入ってくるかもしれません。すこし重心が下がった感じがすることもあるでしょう。触れてみる時に、温度刺激が嫌でなければ、凍らせていない保冷剤やホッカイロを使ってもOKです。その時の気温や気分でよさそうなものを選んでください。

セルフケア④　視野を少し広くしてみる

　普段私たちは視野が狭くなりがちです。パソコン作業でもそうですし、交感神経が優位になるとどうしても集中視野になってしまいます。前のめりになって、先走ってしまったり、余計な動きをして自分を忙しくさせてしまうことはないでしょうか。私はそんなことがよくあります。日ごろからでも、そんな自分に気づいたときでも、視野を少し広くするようにしてみましょう。姿勢を変えて少し首を伸ばして周りをみるようにしてもよいでしょう。

　この簡単なセルフケアが実は、子どもを、そしてクラスを調整に向かわせる大きな一歩になるのです。一人の子どもに提供する調整が、やがてはクラス全体に広がっていきます。

集団でできる神経エクササイズ

　ここからは、集団でできるワークとして簡単な神経エクササイズを紹介していきます。普段やっていることにポリヴェーガル理論の要素を取り入れて、やりやすい形にアレンジしていくことをお勧めします。日常に組み込む形が一番続けやすく朝や帰りの会などで負担なくできます。クラスや授業での時間、ちょっとした合間時間やイベント事に試してみるのはいかがでしょうか？

　まずは、呼吸を使ったエクササイズを紹介します。クラスルームの時間や、授業の始まりや終わりで簡単にできるものです。

集団エクササイズ①　みんなでため息をつこう

　一日の終わり、帰りの会の時にでもやってみましょう。ため息は普段、声を

出してはついていないかもしれません。できれば高い声で「はぁ〜」とみんなで合わせて言うだけでよいのです。呼気と声を使うことで、腹側の経路が刺激されます。みんなであくびを一緒にしてもよいでしょう。

集団エクササイズ②　花の呼吸、星の呼吸

　ノートに実際に書いてもよいですし、書いたふりでもよいです。花や星を描いて、吸ったり、吐いたりしながら形をなぞっていきます。もしできたら呼気の方を長く、たとえば4拍（吸う）—7拍（吐く）呼吸をしてみましょう。呼気のほうを長く吐くことで、心臓や肺を通る腹側のマイルドな抑制のブレーキを働かせることができます。美術の時間などを使って、一人ひとりが描いた花や星でお花畑や星空などの大きな作品を作るのもよいでしょう。一緒に一つのものを完成させるのも腹側のエクササイズになります。

集団エクササイズ③　腹側—背側の呼吸

　片方の手を心臓（主に腹側）に、片方の手をお腹（主に背側）にあてて、何回か大きくはぁーっと呼吸をしてみましょう。難しかったら吸うときは好きな花や食べ物の匂いを嗅ぐように、吐くときはキャンドルを消すようになど、子どもに伝わりやすくアレンジしてよいです（Marchetti（2015）；Halloroan（2020））。

つぎに、声やリズム、韻律を使ったエクササイズを紹介します。こちらもクラスルームや、授業が始まる前、音楽の時間などに合わせてやってみましょう。

集団エクササイズ④ 「おはようございます」に抑揚をつける

時間や人数が許せば、輪になって1人が、「おはようございます。」と言ったら、「おはようございます○○さん」、とみんなで返していきます。この時、いつもより少し「お**は**よう**ご**ざ**い**ます。」のように抑揚をつけてみます。これを順に全員やっていきます。また、強弱やリズムを変えて一緒に拍手したり、伝言ゲームなどで盛り上がってもよいでしょう。

集団エクササイズ⑤　みんなで歌ってみましょう

　他人の声を聞き、自分も発声することで、声、息、リズムを合わせるという神経エクササイズの要素が含まれています。輪唱だとさらに高度なエクササイズになります。口笛やリコーダーを一緒に吹いても OK です。音楽の時間は神経エクササイズの機会にもなる楽しい時間です。たまには配置を変えて、輪になってお互いの顔と顔が見えるように座るのもよいでしょう。

つぎは、感覚のエクササイズです。ちょっとした隙間時間、朝や帰りの会などで、継続的にやってみましょう。

集団エクササイズ⑥　ボディスキャン

　身体の中の凝っているところに光を当てるイメージや、緊張しているところに風が吹いているのを想像してみます。または楽で心地よいところがあったら、そこに好きな色を想像してみてもよいです。クラスの外、クラスの中、身体といったように意識をシフトさせていくのも、身体感覚への気づきを深めて、ニューロセプションが安全を察知してくれるよう働きかけていくのにお勧めです（Halloroan（2020））。

さいごに、交感神経の興奮を使ったエクササイズです。体育や体育際のとき
など、集団のイベントですでに行っている活動に一工夫するだけでかまいません。

集団エクササイズ⑦　チームでの対抗戦を味わう

　集団として対戦し、そして負けても勝っても一緒にその感情を共有します。
交感神経系の可動化、そして興奮をみんなで味わいます。そのあと時間の経過
とともにみんなで落ち着く経験とその状態の変化に気づくことをやってみま
しょう。集団で一緒に自分のチームを応援するのも腹側を刺激できますし、そ
のあと興奮がおさまるのを感じれば、神経の柔軟さがより鍛えられます。

　昨今では、メールやSNSなどを使う機会が増えました。お互い顔の見えな
い交流になると、どうしても相手を攻撃したり、批判したりが抑えられなくな

るのは、社会交流システムを使い、安心の合図を送り合う機会が乏しくなるからでしょう。お互い顔を合わせれば、円滑に行えるやり取りが、どうもこじれてしまうということに、思い当たりはありませんか？　とくに2020年以降はパンデミックで、社会的交流の場もかなり限られた時期がありました。子どもたちがSNSなどで、いじめやトラブルに巻き込まれてしまうという痛ましい事件を防止するためにも、そしてもちろん不登校を予防するためにも、集団で簡単な神経エクササイズを取り入れてみるのをお勧めします。

参考文献

・「アタッチメント理論におけるポリヴェーガルセラピーの臨床応用―協働調整によるアタッチメントの修復」第4部の2 『わが国におけるポリヴェーガル理論の臨床応用』浅井咲子 花丘ちぐさ編著 岩崎学術出版社 2023年 p.133.

・Halloran, J. (2020). *Coping Skills for Teens Workbook: 60 Helpful Ways to Deal with Stress, Anxiety and Anger*. Braintree, MA: Coping Skills for Kids/ Encourage Play, LLC.

・「発達歴の聴取について -ASD の特徴を持つ方を例に」section2『成人の発達障害の評価と診断－多職種チームで行う診断から支援まで』東大病院こころの発達診療部編著、濱田純子 岩崎学術出版社 2022年 pp.38-44.

・Kain,K. & Terrell, S. (2018). *Nurturing Resilience: Helping Clients Move Forward from Developmental Trauma--An Integrative Somatic Approach*. Berkeley, CA：North Atlantic Books.『レジリエンスを育む - ポリヴェーガル理論による発達性トラウマの治療』花丘ちぐさ 浅井咲子（訳）岩崎学術出版社 2019年

・Kessler RC, Amminger GP, Aguilar-Gaxiola S, Alonso J, Lee S, Ustün TB.Curr Opin Psychiatry.（2007）Age of onset of mental disorders: A review of recent literature; *Current Opinion in Psychiatry* 20(4): pp359-364.

7章

不登校を糧に
その後の人生を生きる
―トラウマを越えてセラピストへ―

花丘ちぐさ

私が不登校だったことがあると書くと、読者の皆様は驚かれるかもしれません。私は博士号を持っていて、著書や翻訳書を多数出版しています。勉強も進学も、すべてスムーズに進んできたエリートだと思うかもしれません。でも、私の子ども時代には、２回ほど、不登校だった時期がありました。その時のことを振り返ってみて、不登校というのはどういう経験なのか、その後の人生のリカバリーはどのように生まれるのか、皆さんと一緒に考えていきたいと思います。

　こうした体験談が、もし皆さんのお役に立つのであればと思って、ここにつづってみようと思います。私が不登校の時期があったことについては、根底に流れている共通の理由があります。その上で、小学校と高校の時では、それぞれ異なった状況がありました。こうした状況を、ポリヴェーガル理論を交えながら検討していきます。

不登校の根底にあった、母と祖母の教育方針

　最初に不登校気味になったのは、小学校六年生のときです。それから、高校三年生の時は半年ほど学校にほとんど行けない時期がありました。それぞれとても辛い経験でしたが、おかげさまで、こうした辛い体験を糧にして、その後、心理学を研究し、トラウマ解放の専門家になる道を進むことになりました。

　私の不登校の原因については、まず私の母の教育方針について書いておかなければならないと思います。私は1960年生まれですが、当時私の母はアメリカから入ってきたという、「最新の育児法」を熱心に行ってました。それは赤

ちゃんの早期の自立を目指すために、授乳やおしめの交換は定時に行うという方針でした。つまり、赤ちゃんが、おっぱいが欲しいとか、おしめが冷たいといって泣いても、応えないということです。赤ちゃんの言葉で、「アア～」とか「ウー」とか、母親に声をかけたり、アイコンタクトを求めてきたりした時にも、早く自立させるために応答せず、無視するという方針でした。それから赤ちゃんが泣いても抱かないわけです。もう少し大きくなると、よちよち歩きの赤ちゃんが転んで泣いても、抱き上げません。「自分で起きなさい」といってそばで立っているのです。

　母によれば、これが「最新・最善の育児法」ということでしたが、これはポリヴェーガル理論から言うと、致命的な間違いです。赤ちゃんは、生まれた時には、自分を落ち着かせたり、人と上手にかかわったりするための腹側迷走神経複合体は、まだ充分に育っていません。ですから、おかあさん、あるいは主たる養育者から韻律に富んだ声を掛けてもらい、愛のまなざしで見つめてもらい、微笑んでもらう必要があります。こうすることで赤ちゃんは安心することを学びます。少し大きくなってきたら、安心できる大人と一緒に遊び、喜びをわかち合い、また不安なときには抱きしめてもらうことによって、赤ちゃんは神経系の調整ができるようになっていきます。また、こうした養育者の愛情のこもった世話のプロセスを通して、赤ちゃんは人と安全の合図を出したり、受け取ったりすることを学びます。そのなかで、自分で自分を落ち着かせることもできるようになり、また、必要なときには大人の助けを求めることもできるようになっていきます。赤ちゃんは、主たる養育者から、温かい笑顔、韻律に富んだ声で話しかけてもらうことで、安心安全の信号を受け取ることを覚え、

自律神経系が安定し、人とかかわっていく社会交流システムを支える腹側迷走神経系が育っていくのです。

　このような形で育てられると、腹側迷走神経複合体がうまく育たず、交感神経系を抑制することができないので、キレやすくなりますし、感情調整がうまくいきません。さらに、困難に会うと凍りつきやすくなってしまうのです。私は赤ちゃんの時から不安を抱えていたようです。子ども時代を振り返っても、心から安心したと思えるような記憶がありません。いつもたった一人で、孤独で、がけっぷちに立たされているような不安と悲しみがあり、自分でもどうしたらいいかわからない状態でした。母の育児法は、私がその後の人生で身につけたポリヴェーガル理論とは、正反対だったのです。

　幸いなことに、母と過ごす時間は多くありませんでした。母は、当時には珍しくキャリアウーマンで、仕事が忙しかったために、ほとんど家を不在にしていて、母方の祖母が家に入って、家事や育児を一手に引き受けてくれました。祖母は明治生まれで、赤ちゃんはおんぶしたり、抱っこしたりしながら育てるものだという感覚を持っていました。これは私にとっては、非常に幸いなことでした。祖母はいつも私をおんぶしていたようで、近所のおばさんから、「ちぐささんはいつもおばあさんにおんぶされていた」と聞いたことがあります。
　ところが、母はこうした祖母の育て方について非常に批判的で、いつも言い争いをしていました。祖母が私を抱っこしていると、「また甘やかしている」と言うのです。しかし、私が祖母という「安全基地」を持てたことは、とても幸いなことでした。母からは充分な安心や安全を感じることができませんでし

たが、祖母が毎日そばにいて、私に温かい、愛情のこもった世話をしてくれました。泣けばおしめを替えてくれ、ミルクをくれ、抱きしめてくれました。おかげで私は、人間に対する基本的な信頼を持つことができるようになったようです。

　けれども、明治生まれの祖母ですから、軍国主義の思想を色濃く残していました。祖母は、自分の私生活を犠牲にして私たち姉妹を育ててくれたので、もちろん心から感謝しています。とはいえ、「身体の具合が悪いなどというのは甘えている」と言い、熱があっても学校に行かなければならないのはつらいことでした。現在なら感染症の心配がありますから、熱があるのに無理に登校させるということがないかもしれませんが、私が育った時代はそうではなく、これがふつうの感覚だったのです。「学校に行ってみて、どうしても具合が悪いのであれば帰ってきてもいい、ただし、朝から学校を休むなどというのはけしからん、軟弱者だ」。これはまさしく、軍国主義による刷り込みです。こうした祖母の教育方針のもとでは、「辛いことに気づく」「助けを求める」といった、幸せになるための基本的なことを学ぶことができなかったのは、残念なことでした。また、体罰もあたりまえで、親や祖母には服従しなくてはなりませんでした。

　さらにこの時代には、今よりも、生産性の高い人は高く評価し能力の低い人の価値を非常に貶める風潮がありました。戦前、戦中の軍国主義の精神を一言でいえば、「お国」の役に立つことが名誉なことで、障害があったり頭脳明晰でない人には存在価値がないという、優生思想なのです。戦後の昭和時代にも

かかわらず、このような価値観がありふれた日常に、影を落としていました。

不登校の根底にあった私の神経系の特徴

　こうした生育環境に加えて、私自身には神経系の独特な特徴があったようです。幼い時は小児ぜんそくがあり、薬物治療や転地療養なども行いました。また、大きな音や強い光がとても苦手でした。運動会のピストルの音なども耐え難く、苦しく感じたものです。体温の調節もあまり上手ではなくて、暑かったり寒かったりするとすぐに気分が悪くなってしまいました。匂いにもとても敏感で、誰も気づかなくても自分にとっては臭く感じ、すぐに気持ちが悪くなってしました。食べ物の味についても少しでも嫌だと感じると、まったく食べることができませんでした。

　皮膚の感覚もとても敏感でした。たとえば、少しでも洋服の袖が濡れてしまうと、気持ちが悪くて、どうしても耐えられません。よくかんしゃくを起して洋服を脱ぎ捨てたりしていました。かんしゃくを起こすと、めまいがして倒れてしまいました。洋服についているタグでも、すぐに痒くなってしまいます。

　肩こりや偏頭痛に悩まされていました。私は、少食で、神経質で、かんしゃく持ちで、わがままだと言われていました。

　これは、持って生まれた特性もあると思いますが、ポリヴェーガル理論から言えば、養育者によって神経系を協働調整してもらっていなかったので、自律神経系の働きが乱れていたのではないかと思います。こうした過敏なところも、不登校の根底にあったのではないかと思います。

不登校の根底にある対人関係スキルの問題

母は、子どもの悩みを聴くことは、子どもを甘やかす事だと考えていたので、私の話は聞かない主義でした。痛いとか、辛いと言っている人がいても、それに共感するのは甘やかすことだと考えていました。

もちろん、これもポリヴェーガル理論から言えば、まったくの間違いです。哺乳類は、共感してもらうことで生存を図ってきたのです。そうした、最も必要なことを軽視するのは、非人間的と言わざるを得ません。

母から、優しく話を聞いたり事情を理解してあげるなどというのは、子どもを甘やかすことだとされていましたので、私もそうした考えをそのままうのみにしていました。友達に対しても、優しくしたり、励ましたり、思いやりのある言葉をかけるといったことを学んでいませんでした。たとえば、自分が母にされたように、友達が泣いていても無視したり、逆に、「泣き止みなさい」といって叱ったりしました。友達に思いやりの無い態度をとることが多く、そのために嫌われてしまったり、いじめにあったりしたこともありました。対人関係スキルを学んでいなかったことは、非常に大きなハンディキャップでした。

学校が安全ではないとき

私は公立の小学校に通っていました。小学校 5 年生から 6 年生になる頃には、

体調が悪い日が多くなりました。朝なかなか起きられないし、なんとか学校に行っても、なんとなく気分が悪い日が多くなりました。6年生になると、男子児童が女子児童に対して暴力的になりました。思春期が始まった時期でもあり、ホルモンや体調の変化もあり、自分たちの感情を調整することが難しかったのかもしれません。先生の目が行き届かない掃除の時間に、男子の暴力行為がエスカレートして行きました、たとえば、女子を掃除用具の棒で殴るとか、足を引っかけて転ばせるといった暴力行為が毎日のように行われました。

さらに性暴力もありました。スカートめくりもありましたが、中には女子のスカートの中に手を入れて、プライベートゾーンを触ったりするような男子もいました。また、知的障害を持った男子に自慰行為をさせ、それを女子に無理に見せるといった行為もありました。

私は毎日、この掃除の時間が来ることが恐ろしくてたまりませんでした。ただ、その当時は、自分の置かれてる状況が危険であるとか、好ましくないということも考えることができませんでした。辛いことがあっても我慢するのが当たり前と厳しくしつけられていましたし、辛いことがあっても、弱音を吐くことは許されないと思っていました。助けを求めてもいいということを知らなかったのです。

その上、学校では先生に助けを求めても、告げ口したと言って、かえって暴力行為がひどくなるありさまなので、なおさらじっと我慢するしかなかったのです。そうこうするうちに、朝になると気分が悪くて、学校に行けなくなる日が多くなりました。登校しても気分が悪く、保健室で休んでいて早退することもしばしばありました。

ちょうどこのあたりで、私は過敏性腸症候群を発症します。今でこそ診断名

がありますが、当時は知られておらず、腹痛に苦しんだ挙句下痢をするので、医師からは、「なにか悪いものでも食べて、食中毒にでもなったのだろう」などと言われました。あまりにも頻繁に腹痛や下痢を発症するので、消化の良いものを食べるように指導されました。

　過敏性腸症候群というのは、何の理由もないのに突然お腹が痛くなり、顔面蒼白になり、あまりの腹痛のために、目の前が真っ暗になって火花が散ります。そして失神してしまうのです。小学生がこのような症状で苦しんでいたと思うと、かわいそうに思います。特に食後におなかが痛くなることが多かったので、次第に食事をするのも気が進まなくなりました。ただ、それも家族からは理解されず、神経質でわがままだと叱られていました。

　ポリヴェーガル理論から言えば、こうした身体の不調は、背側迷走神経複合体の暴走です。緊張が続き、交感神経系が高まった状態が継続し、ついに身体が持ちこたえられなくなって、背側迷走神経複合体がハイジャックし、下痢をしてしまうのです。幼いころから安心を感じられず、自律神経系の調子が整わない中に、環境の危険が高まったために、身体が悲鳴を上げたのでしょう。

この不登校体験から学べること

　6年生の時、不登校気味になってしまった体験からは、いくつかの教訓が引き出せると思います。まず、家庭が安全ではなかったことは非常に残念なことでした。当時、ポリヴェーガル理論が知られていたら、子どものためには、安

全を感じさせてあげることが一番大切なのだと、理解されていたと思います。家庭とは、家族がお互いに安心・安全を提供し合う場であるということ、そして、明日に向けて休息を取って回復する場であり、協働調整をする場であるということ―これが常識として知られていたら、私のような、誤った教育方針で育てられる子どもがいなくなると思います。

　次に大切なのは、何が安全で、何が安心なのかを子どもが身体で体験し、神経系に刻み込ませておかなければならないということです。頭で考えるのではなく、とっさに「この人はいい人」「この人は怖い人」ということが、肌で感じられるようになっておく必要があります。安心をたくさん味わえば、そうでないことがわかってくるので、だからこそ家庭での安心体験が肝要なのです。

　さらに、安心・安全ではないと感じた時には、助けを求めて良いということを、小さい時から教えていかなければなりません。私は、そういうことを学んでいなかったので、誰にも相談せずに、じっと我慢する傾向がありました。しかし、ポリヴェーガル理論が教えてくれるように、哺乳類は、お互いに困った時には助け合い、安心と安全を感じ合うことが生き延びるうえで絶対に必要なのです。

　性暴力被害についても、子どもの時からきちんとした教育を行うべきではないでしょうか。まず、プライベートゾーンとは何かを教えることから始まります。下着や水着で隠れるところは大切なところで、自分以外の人には、見せたり触らせたりしないということ。そして、誰かからプライベートゾーンを見せられたり、触らせられたりすることは、イヤなことで、断固拒否してよいということ。もし無理強いされたら、可能なら逃げるか、助けを求め、信頼できる大人に相談するということです。

性暴力被害とは、身体の境界線の侵害であり、何か自分の身体に対してイヤなことをされるということです。境界線が侵害されたら、助けを求め、安全な大人に相談するのは、子どもとして当たり前の権利です。私は、体罰がある家庭環境で育ちましたので、身体の境界線ということについては全く理解していませんでした。

　悪いことをしたら叩かれるのが常で、土下座して謝らなくてはなりません。それをイヤだと言ったり、自分で自分の身を守ったりすることは許されていませんでした。体罰や土下座は、子どもの尊厳を奪う行為であり、子どもの神経系には、「逃れられない攻撃」「尊厳が損なわれ、手も足も出ないみじめさ」という恐怖体験として刻みつけられ、教育的効果はゼロです。

　子どもたちに、自分の身体はとても大切であり、たとえ養育者であっても、許可なく触ったり、ましてや暴力をふるったりするなど到底許されないということを、丁寧に教えるのが大人の責務です。そういった基本的な子どもの人権についての教育ができるのは、学校の先生たちの大きな仕事ではないでしょうか。

　最後に、先生方にとっては少しつらい話かもしれませんが、学校環境が安全ではないなら、登校する必要はないということを、子どもたちに知ってほしいのです。現在、カウンセラーとしての私は、後進の指導が主な仕事で、個人のカウンセリングは行っていませんが、かつての私のカウンセリングルームには、学校の先生も、トラウマ解放のセッションに来ていました。私のところに来る先生方は、まじめで、誠実で、生徒思いの熱心な方々でした。しかし、長時間にわたる過酷な労働と、劣悪な労働環境に加え、同僚や上司からハラスメントを受けていたり、モンスターペアレントの攻撃対象になったりして、うつ状態

になっている方がほとんどでした。

　善意にあふれた先生方もたくさんいるのですが、残念なことに、必ずしも良い先生ばかりではありません。精神的なハラスメント、セクシャルハラスメントや暴力、暴言などを繰り返す先生もいます。また、私の体験のように、児童生徒が暴力や性加害を行うこともあります。本来であれば、学校は教師も児童生徒も、お互いを癒しあい、高めあっていく場ですが、安全ではないこともあるのです。そして、安全でないところに行く必要はないのです。こういう場合、周囲の大人はスクールカウンセラーや心理カウンセラーに相談し、子どもの安全を図り、学校とも折衝し、改善できるところは改善してもらうとともに、子どもへの別の教育の機会を模索するなど、柔軟に対応していく必要があります。

　そんな小学校6年生の頃でしたが、なんとなく行き渋りつつも登校し、その後、地元の公立中学に入学しました。暴力を振るっていた男子たちも、同じように中学に入学したので、どうなるか不安がありました。しかし、中学では、一転して自分よりも身体が大きくて強い上級生がたくさんいる環境に変わりましたので、同級生の男子たちは借りてきた猫のようにおとなしくなり、暴力は一旦収まりました。環境が変わったこともあり、私はまた、なんとか学校に通い始める事ができました。ただ、友達と仲良くすることや、自分を大切にする方法を学んでいなかったので、相変わらず軋轢の多い、辛い中学時代でした。

キリスト教との出会い

　その少しの前の小学5年生の時、私はキリスト教と出会いました。家の近所

に、子どもに聖書の教えを説くための日曜学校がありました。日本基督教団の牧師の奥さんだった方が、未亡人となり、自宅で子どもを相手に聖書を教え、そこに集まってきた子たちに勉強も教えていました。私は、その私塾に通って勉強したかったので、日曜学校にも通うことになりました。そこで、聖書を通してキリストの愛に触れたことで、私の心に温かい光が届いたのです。

　母が拒否的で、共感してもらう喜びを感じることができず、孤独に悩んでいた私の心に、キリストの言葉が、深くしみわたりました。キリストは、私の心の中で兄のような、父のような存在になりました。また、その日曜学校の先生が、本当に素晴らしい方だったので、次第に私の心の支えになっていきました。日曜学校の先生は、だまって、ただうなずいて私の話を聞いてくれました。先生の生活はとても質素で、公平な方でした。そして勉強の面白さも教えてくれました。

　ある日、私が先生に悩みを打ち明けていたら、こんな話をしてくれました。先生が、小さなキリスト教の集会所を開いてしばらく経った時のことでした。夜遅く、足音がコツコツコツと近づいて来るそうです。そして家の前までくると、またコツコツコツと遠ざかるのだそうです。そしてしばらくするとまた、コツコツコツと歩み寄ってくる。先生は、これは誰か中に入りかねて、行きつ戻りつしている人がいるのではないか、と思ったそうです。そこで、もう一度コツコツコツと足音が近づいてきた時に、ドアを開けてみたそうです。そうすると、そこには一人の青年が立っていたとのことです。先生はその青年を招き入れ、話を聞いたそうです。

　何を話したかについては、プライベートな内容ですから、教えてくれませんでした。ただ一言、先生は私に言いました。「この青年も、あなたと同じ。頭

が良すぎるのね……」。その時は何をおっしゃってるのかよくわかりませんでした。私は、自分は頭が悪いと思っていましたので、思いがけない言葉でした。ただ、先生は、私のことをよく思ってくださっているのではないか、そんな気がしました。

　その先生とのもう一つの思い出は、地震が起きた時のことです。先生の私塾で勉強を見てもらっているときに、少し強い地震がありました。一緒にいた友人たちは、「わ〜」と声を上げていました。私はとても怖くて、思わず胸の前で手を組んで、キリスト教の最も大切な祈りである、「主の祈り」を、声を出して唱えました。先生は、黙ってその様子を見ていました。そして、ずっとあとになってから、こうおっしゃっていました。「とっさのときに『主の祈り』を唱えるあなたを見て、しっかりと信仰が育っていることがわかって、『これでいい』と思った」というのです。私は、大げさに地震を怖がったところを見られてしまい、バツの悪い思いをしていたのですが、こうした私の姿を揶揄することもなく、ただ、良い面だけを見てくれていることに安心感を覚えました。

　母からは、低い評価しかされていなかったので、当時私は、自分は本当に恥ずかしく、価値のない人間であり、クズなのだと思っていました。でも、教会学校の先生は、私を違う目で見てくれていました。そして、この先生を通して、私は魂の居場所をキリストの中に見出していたのです。ポリヴェーガル理論から言えば、安心・安全を感じられる居場所を見つけた、ということでしょう。

キリスト教系の高校へ進学

　高校は、憧れのキリスト教系の女子校に進みました。実は、試験を受けに

行ったときに、先輩たちが胸に十字架をつけているのを見て、一目でこの学校が気に入ってしまったのです。私は両親との間で安心・安全を感じることはできなかったのですが、その分キリストとの深い魂のつながりを持ち、キリストのいる学校に行きたいと思っていましたので、その高校に合格した時はとても嬉しかったのを覚えています。

　また高校に入ると、私は早く家を出たいと思い始めました。そのために、地方の大学に進みたいと考えました。家を出るためには遠くの大学に入るために、しっかり勉強しなくては、と思い、私の関心の中心が勉強になりました。家を離れて、地方の大学に進学し、真っ青な空の下で、緑に囲まれて過ごしてみたい。山登りや、川下り、冬はスキーと、新鮮な空気を胸いっぱいに吸い込んで、思い切り楽しみたいと、夢を膨らませて勉強に精を出しました。

　幼いころ、小児ぜんそくで転地療養した、緑あふれる山の中での生活が幸福だったのかもしれません。成績はどんどん良くなってきました。勉強はわかると楽しいですし、成績が良くなっていくと、またモチベーションが上がります。ひとつひとつ問題を解くたびに、これで家を出て、遠くの大学に行ける、真っ青な空の下で、自由になれると思っていました。そうすると本当に楽しい気持ちでした。

　ところが、母が私の成績が良くなっている様子に気づくと、私にもっと頑張るようにと言い始めたのです。私は次第に、そのプレッシャーを感じるようになっていきました。もし成績が下がったら、この家で居場所がなくなってしまうと感じるようになりました。

クリスマスの楽しみが暗転して

　そんなふうに、勉強に熱心だった高校2年生の冬休み直前のことでした。キリスト教系の学校でしたので、毎年クリスマスに、児童養護施設で生活している子どもたちのためのプレゼントを手作りして、寄付していました。私たちもクラスのみんなで手作りのプレゼントを制作することになりました。私はもともと手芸が好きだったので、その日を楽しみにしていました。

　その前の晩、夕食の時に母親に、「明日は一日かけて、施設にいる子どもたちのためのクリスマスプレゼント手作りする」という話をしました。すると母の顔色がさっと変わりました。「何を言っているの？　そんなことしてる暇はないでしょ？　あなたのライバルはその日だって勉強しているのよ。そういう何の意味もない行事の日は、学校を休んで家で勉強しなさい」と言いました。私はショックを受けました。「そうか、こうしてはいられないのだ」と焦る気持ちが強くなりました。それとともに、なぜ悲しくなりました。その当時はなぜ自分が悲しいのかよくわかりませんでしたが、今になってみるとよくわかります。

　ポリヴェーガル理論で考えると、クリスマスプレゼントを手作りするというのは、まさに腹側迷走神経複合体を働かせることになります。自分も楽しいし、友達と一緒に行動することで、喜びも増すし、さらに、受け取った人にも喜んでもらえる、という、社会交流システムをフルに活用する「快」の体験なのです。これは、私たちの自律神経系を健康にし、希望と活力をもたらします。そ

れを、「意味がない」「やめなさい」「競争しなさい」といわれたのですから、悲しくなって当然です。

　ただ、その時の私には、自分に何が起きているのかよくわかりませんでした。結局、私はもやもやしながらも母の言うことを聞かずに、学校に行って、プレゼントを作りました。とても楽しかったのですが、一方で、こんなことをしていてもよいのだろうか、本当は学校を休んで、もっと勉強しなくてはならないのではないか、と焦る気持ちもありました。

　当時、成績は良かったのですが、それで安心することはできませんでした。つまり、良い成績をとるということが安心に結びついていなかったのです。良い成績をとったとしても、次に失敗したら、家に居場所はないと言われてるような気がしました。私には、存在する権利がないと言われているように感じました。その頃から、次第に体調を崩すようになっていきました。過敏性腸症候群の症状もひどくなってきましたし、しばしば悪夢にうなされました。金縛りがひどく、夜が明けて明るくならないと怖くて眠れないこともありました。

突然の不登校

　受検を控えた高校３年生の時、突然、私の身体に変調が起きました。６月の中間試験の後、突然、勉強ができなくなってしまったのです。私はいつも、試験が終わったらすぐに、休まずに次の試験に向けての勉強を開始していたので、試験が終わった翌日、いつものようにすぐに次の課題に取り組もうとしました。ところが、参考書を開けて見ても、全く集中できず、何か悲しい気持ちがこみ

上げてきて、泣き出してしまいました。その時は、きっとさすがに疲れたのだろうと思って一日休むことにしました。

しかし、翌朝になっても身体が重くて起きられません。また次の日になっても、教科書や参考書を開くことができないのです。朝起きるのが大変辛く、ようやく起き上がっても、身体がとても重くて、制服を着ようにもブラウスに腕が通せないのです。とにかく必死になって時間をかけて着替えて駅に向かいますが、途中まで歩いても、もうそれ以上一歩も足が進まず、泣きながら家に帰っていくこともありました。

今思うと、これは急性ストレス障害と言えるような状態ではないかと思います。ポリヴェーガル理論的に見ると、常に頑張って良い成績を収めなければならないというプレッシャーが強く、交感神経系が過度に高まった状態だったようです。そしてもうこれ以上、緊張に耐えられないということになって、背側迷走神経複合体が一気に優位になり、身体が意思に反してシャットダウンを起こしたのだと思います。しかし、当時はそのような神経系の反応については、知られていませんでした。それに不登校という言葉もなくて、私は登校拒否をしている、と言われました。

両親は、突然学校に行かなくなってしまった私を見て驚いたようです。はじめは、疲れているのではないか、1週間も休めば回復するだろう、と言っていました。しかし1週間経っても、やはり状態は変わりません。私も早く勉強を再開しなければと焦るのですが、教科書を開いても、何が書いてあるのか全く頭に入らないのです。しばらく無理をして文字を追っていると泣き出してしま

うという状態が続きました。

　私は「登校拒否」していたわけでは全くありません。行かなければいけないと思い、とても焦っていたのです。でも、身体がまったく動かない状態でした。ときには無理やりに学校にたどり着くこともあったのですが、授業の課題に取り組むこともできず、机に向かい、辛い思いをじっと耐えながら、俯いて時間が過ぎていくのを待つような毎日でした。

　精神科を受診しましたが、検査の結果は特に問題はなく、ストレスが原因だろうから、よく休むようにと言われました。母は、医師から登校を無理強いしてはいけないというアドバイスをされたようで、学校の先生とも相談し、ひとまず様子を見ることになりました。その時、登校を無理強いされることがなかったのは幸いでした。

　結局12月までの約半年間、ほぼ学校に行けない状態でした。出席日数が足りなくなってしまって、卒業できないのも辛いので、先生たちに出席日数を数えてもらい、足りない授業などの時間数も調べてもらって、少なくとも卒業に足りるだけの時間数は出席することができました。ある意味、そっとしておいてもらったことが、一番私にとっては良かったのかもしれません。

　高校に入ったとき、私は母から「学校についての不満は漏らさないこと。不満や悩みを漏らしたら、学校をやめさせる」と厳命されていました。ですから、2年ちょっとの間、学校での悩み事は一切家で話しませんでした。思春期で多感な時でもあり、友人関係など、いろいろ悩みは尽きなかったのですが、少しでも思っていることを漏らせば、学校をやめさせられてしまうので、一人で抱えていました。

ペットのイヌがいましたので、イヌとキリストが心の支えでした。イヌの散歩をしながら、イヌにいろいろなことを聞いてもらいました。そして一緒に祈ってもらいました。精神科にはカウンセラーがいたのですが、そのカウンセラーに、一切学校での不平不満を漏らしていないと話したら、びっくりしていました。そして「これからは少し家でも不満を言ってもいいんじゃない？」と言ってくれました。私は、そんな選択肢があるのかと驚きました。穏やかに話を聞いてくれるカウンセラーとのやり取りの中で、漠然と「カウンセラーになりたい」と思いました。それが、ずっと後になって実現するのですから、人生は不思議ですね。

不登校のその後

　不登校になったものの、どうにかリカバリーして大学に進みました。家を出て地方の大学に行きたいという目標は叶わず、体調を崩してしまったため進路変更し、受験科目が少なく家から近い私立大学を受験しました。その大学に合格して、ひとまずほっとしましたが、入学してから積極的に勉強する気持ちにはなれず、相変わらず人付き合いが上手ではないために、とても青春とは言えないような鬱々とした日々を過ごしていました。

　そのようななかで、私は、このままではいけない、何か道を探さなくては、と思い始めました。そして人生を切り替えるためにも、やはり家を出て、アメリカに行こうと考えました。アメリカの大学院に進学するために、もう一度次なる勉強を始めたのです。希望が生まれると、勉強にも身が入ります。結果、無事に希望していたアメリカの大学院に合格し、奨学金を獲得することもでき、

やっと家を出ることができました。大学院では、すばらしい友人に恵まれて、人生のことも深く考えるようになり、勉強は大変でしたが、一周り大人になる経験ができました。

高校での不登校から得られた教訓

　高校3年生になってからの不登校にも、やはりいくつかの原因が考えられます。一つは、先にも述べましたように、子どもの時から安心・安全を感じさせてもらってなかったために、神経系が非常に過敏になっていて、ストレスに耐えれない状態だったということがあります。

　環境の要因としては、受験のプレッシャーがありました。しかし、どんなプレッシャーがあっても、オンとオフの切り替えができれば、あのような急性ストレス障害と言えるような症状に陥ることはなかったと思います。しかし、当時の家庭環境では、両親から、自分の心と身体を大切にすること、辛いことがあったら誰かに相談すること、また、疲れたら休むこと、もう少しできると思っても切り替えて、何か楽しいことをしてエネルギーチャージをすること、といった基本的な生きる知恵を教わることができませんでした。ただひたすら自分に休みを取らせずに、自らにムチ打って勉強し続けることが唯一の選択肢だと思っており、そしてある日、突然、動けなくなってしまいました。

　ポリヴェーガル理論は、私たち哺乳類は、困ったり、怖かったり、辛い時には同じ仲間のところに行って安心させてもらうことがとても大事だと教えてくれています。しかし私は、このポリヴェーガル理論で教えてくれている大切な

ことを、子どもの時に学ぶことができなかったので、常に交感神経優位な状態を保ち、最終的には背側迷走神経複合体がハイジャックし、シャットダウンに沈み込んでしまったようです。

　大学の受験勉強を中断してしまったことについては、今でもとても残念な思いがあります。当時はやむを得なかったとしても、不完全燃焼だったと感じています。進路を変えなくてはならなかったことも、心残りがあります。かといって、すべて絶望ではありませんでした。とにかく置かれた場所から、次にどうやって伸びていったらいいのだろうかと、私はいつも模索していました。

　そして、この残念な気持ちが原動力になり、大学院に行くという道を選ぶことができました。さらに、やり残した思いがモチベーションになり、還暦を目前にした年齢から、もう一度大学院に入りなおし、博士号を取得することができました。このように、一旦不登校になってしまって勉強を中断してしまったら、それで全てが終わりなのではなくて、後からでも違う形で自分を高めていくことができるのです。

　もう一つ、私がこうした辛い思いをいろいろ味わったことそのものにも、意味があったと思っています。こうした体験があったからこそ、私は心理学に興味を持ちました。そして今は、ポリヴェーガル理論を日本に紹介するとともに、ソマティック・エクスペリエンシング®・トラウマ療法を日本に広め、精神科医や心理士、セラピストの皆さんの指導に当たっています。

　もし、あのとき不登校にならなかったら、そして、家を出て大学生活を謳歌していたら、このように心理学に興味を持つことはなかったかもしれません。トラウマセラピストにもならなかったでしょう。私の人生はまったく変わって

いたかもしれないのです。

　こんなふうに自分の体験を前向きにとらえることができるようになったのは、つい最近のことです。それまでは、高校時代の不登校のことは思い出したくない、いわゆる「黒歴史」だと思っていました。しかし年齢を重ねることによって、こうした辛い体験にも意味があり、それを踏み台にして自分なりに新しい道を探すことができたと考えています。日本では、いまだに、レールを踏み外すと、もう元に戻れないような風潮があります。しかし、こうしたレールに乗らなくても、自分なりに道を求めて行くことは可能なのです。ですから、一旦レールを外れてしまっても、それが終わりなのではなくて、新しい可能性の扉が開くと考えてみるのはどうでしょうか？

　正直に言って、突然学校に行けなくなってしまった当時は、何回も死ぬことを考えました。今強く思うのは、死ななくてよかった、ということです。当時は、大学に行くことだけが道であり、それを踏み外してしまったら、ほかに選択肢は無いと思っていました。でも、自分の人生を輝かせる方法はいくらでもあります。また、家族が問題を抱えた状態であったとしても、世の中には親切な人や暖かい人もたくさんいるのです。もし今辛くて死ぬことを考えている人がいたら、そういう狭いトンネルを抜けて、ぱあっと世界が開けて、ほかにも道があることがわかるときが来ると伝えたいです。

世代間伝搬するトラウマ

　私が不登校になってしまった背景には、家庭の養育環境がありましたが、そ

こには世代間伝搬しているトラウマが影響していたことがわかります。私たちは、突然何もないところに生まれてくるわけではありません。今までの人類の歴史がぎっしり詰まった、ごった煮ようなところに生まれてくるわけです。戦争、飢餓、犯罪、残虐行為、自然災害、事故やケガ、病気、喪失、差別、貧困、悲しみ、恐怖など、先祖が体験してきたことが、人々の価値観や人生観、世界観、倫理観などに影響を与えています。それは、身体や生理学的状態にも影響を与えます。もちろん、人とのつながりやお互いを大切にすることも、世代間で伝えられていきますが、いっぽうで、人を傷つけてでも、自分の心身の健康を損ねてでも競争に勝つことが大切であると信じていたり、勝ち誇って人を見下すことに快感を覚えたりするといった「信念」や「特異的な感覚」も、そのままにしておくと世代を越えてしまうのです。

　母も、多感な思春期に第2次世界大戦を体験し、おびただしい死や残虐行為を目撃し、飢餓に苦しみ、戦火を逃げ惑うトラウマ体験をしていました。習い事はおろか、勉強したくてもさせてもらえない時代で、当然ながらおしゃれもできません。楽しみは許されない時代だったのです。戦後はそれを裏返したかのように、社会全体がエコノミックアニマルと化して、経済至上主義の価値観に塗りつぶされ、走り続けることが求められる時代になりました。その結果、確かに豊かになりましたが、男性中心の社会はそのままで、女性は相変わらず差別され、搾取の対象でした。私は戦後生まれですが、戦争トラウマは依然として残り、さらに社会文化的トラウマが生み出される真っ只中に生まれ落ちたのです。

　ポリヴェーガル理論からいうと、社会交流システムを活用して、腹側迷走神

経複合体を働かせて、みんなで幸せになろうとする英知も受け継がれている一方で、解放されていないトラウマを抱えつづけていて、交感神経優位になり、戦いを挑んだり、逃げたりする傾向性も受け継がれています。このように、好戦的な交感神経優位な親や、回避的で子どもの心を受け入れない親、あるいは、背側迷走神経優位な状態で、落ち込んでしまった親から、愛情を受けることができずに、愛情飢餓を抱えて、また不幸な歴史を繰り返してしまう人もいます。

したがって、一人一人の間違いを責めるのではなく、人類全体が抱えている課題を社会全体でよく理解し、丁寧に解決策を講じていくことが必要なのです。少し事態を俯瞰してみることができるようになると、全体像がつかめるようになっていくことでしょう。

ポリヴェーガル理論からわかる不登校の予防策

では、ポリヴェーガル理論からわかる、子どもが小さな時からできる不登校の予防に役立つことをあげてみましょう。といっても、難しいことではなく、日常の営みのなかで、ふつうにしていることを、ちょっと意識を変えてやってみるだけで大丈夫です。

①優しく接する・一緒に遊ぶ

ポリヴェーガル理論では、安全であると感じることが大切であるとしています。そして、お互いに安全の合図を出し合い、神経系を協働調整することが、哺乳類にとってはとても大切なことです。ですから、日ごろから、穏やかな表

情、韻律に富んだ優しい声などを交えながら、子どもと接してみてはどうでしょうか？

そして、少し緊張してから、次にほっとするような遊び、たとえば、「いないいないばあ」や「たかいたかい」などは、腹側迷走神経複合体の働きを高めるための親子の神経エクササイズになります。少し大きくなったら、かくれんぼなど、もう少しスリルのある遊びや、キャッチボール、バトミントンなど、互いに交流するスポーツも、良い神経エクササイズになります。お手玉や手遊びなども良いです。一緒に楽しみながら、子どもの腹側の働きを高めていくことができます。

②じっくり話を聞く

子どもの話を聞くことは、子どものためにご飯を作ったり、洗濯をしたりするのと同じように大切なことです。もちろん忙しいおかあさんが、いつも手を止めて子どもの話を聞くことは難しいと思います。ですから、「ちょっと待って」と言ってもよいのですが、そのあとで必ず関係性を修復すること、つまり、どこかで時間を取って、「さっきは話を聞けなくてごめんね。今は話せるけど、さっきは何を言いたかったの？」と、やり直せる時間を持つことが大切です。

また、話を聞くときは、批評したり分析したりせず、子どもの想いをよく汲み取り、「悲しかったんだね」「辛かったんだね」「腹を立てたんだね」と、子どもの感情の動きをとらえるとよいでしょう。そうすると、おかあさんにわかってもらえた、と感じることができ、家族から受け入れてもらえたと感じることができますので、これがポリヴェーガル理論でいう安心の合図となります。

そのために、保護者の方に日ごろから心がけてほしいことは、自身も腹側迷

走神経複合体にとどまって、柔軟な発想をするということです。世界にはいろいろな人がいて、いろいろな価値観があるということを、自身がよく理解しておきましょう。保護者が、人々の違いを尊重する姿勢を見せると、子どもはどんな状態でも自分を受け入れてもらえることを感じ、安心することができます。そして、子どものほうからアドバイスを求められた時、いろいろな考え方や選択肢があることを伝えていくとよいでしょう。

大人も完璧ではない

さて、ここまで、ポリヴェーガル理論を軸に、子どもにとって望ましい大人の姿について書いてみましたが、もちろん、私たちはこうしたことを完璧にできるわけではありません。ただ、ポリヴェーガル理論が教えてくれていることを心の片隅にいつもおいて、参照しながら行動していけたら、私たちが親から受け継いできた価値観をそのまま繰り返し押し付けていくことを避けることができるのではないでしょうか？

客観的に自分を見つめることができるようになるまでは、自分の考えは「真実」であり、「そんなことはあたりまえ」であり、それができない子どもはダメだ、ということになってしまいます。ここで、自分も、多くの失敗を繰り返してきた、人類の長い歴史の産物であることに気づくことが重要なのです。「そんなことをいっても」と反論したくなる時は、自分の神経系が防衛に入っていることを示しています。つまり、交感神経系が優位であり、社会交流を支持する腹側迷走神経複合体の働きが弱くなっています。自分が今どのような状態にあるのかを、立ち止まって感じることができたら、多くの軋轢を避けるこ

とができるでしょう。

　もし、これが難しいと感じるようでしたら、先生や保護者自身が、何かトラウマやストレスを抱えているのかもしれません。成長の過程で愛着の形成不全やさまざまな問題があったことを、はっきりと覚えている人もいるでしょう。あるいは、何も覚えていないけれど、なんとなく元気がない、イライラするといった方もいるかもしれません。子育てに苦しさを感じている場合は、トラウマ解放セッションを受けることも有意義だと思います。ソマティック・エクスペリエンシング ® では、記憶に残っていないような出来事であっても、神経系に負担をかけているようなトラウマ的な体験を解放することができます。大人がまず自分の課題をクリアしておくことが大切です。

｜ おわりに

　私の不登校にまつわる体験談を書きましたが、これを読まれた方の中には、私が、自分の不都合な体験をすべて母の責任にしているように感じられた方もいるかもしれません。しかし、母を責める、親の責任にするといったことは、私の意図するところではありません。先にも書きましたように、人はすべからく歴史の影響を受けていて、歴史のごった煮の中に生まれてきます。それぞれの人が、自分のトラウマや世代間伝搬してきたトラウマに影響されながら、その時にある情報をもとに、一番いいと思う行動を取っています。ですから、犯人捜しをする必要はありません。すべての人が何らかの問題を抱えているし、それぞれ、善意も持っているのです。

　なにか問題に突き当たったときに、こうした知識を持っておくことは大切で

す。問題があると、大変なことをしてしまった、すべて自分の責任だと、つい自分を責めてしまいがちです。しかし、すべて自分が悪いと思わなくてもよいのだ、あのときは、みんながそれぞれの制約やトラウマの中で精いっぱい生きていたのだ、と思えると、自責の念が和らいでくるのではないでしょうか？学校に行けなくなってしまったことも、ポリヴェーガル理論によれば、自分を守るための身体の自然な反応だったのかもしれません。そうしたら、自分の身体に宿る英知に感謝してもよいのではないでしょうか？

　さらに、私の体験を読まれた方の中には、自分のほうがもっと辛かったと言いたい方もたくさんいらっしゃると思います。たとえば、もっとひどい虐待を受けた、病気やけがをした、経済的に困窮した、犯罪や災害などに巻き込まれたといった、大変な思いをされた方たちもいらっしゃるでしょう。みなさんそれぞれ、一番つらい思いをされていたのだと思います。それぞれが、それぞれの置かれた場所で、いろいろな苦しみを味わっている、それが人生ではないかと思います。

　私にも恵まれていた部分がありますし、大変だった部分もあります。そのなかで、私がなぜ辛かったのか、なにが足りなかったのか、そして、今後、人が幸せになっていくためにはどうしたらいいのか、こうした問いに、ポリヴェーガル理論が非常に深い答えを示してくれています。

　私がポリヴェーガル理論を広めたいと思う動機の根底には、私のこの不登校の体験があるのです。

　私の不登校の体験は、跳び箱の踏切版のようなものでした。それは私をもっと遠くへと飛び立たせてくれました。もし、私が不登校を体験せず、スムーズ

に夢をかなえていたら、人の心の痛みがわからない、モンスターになっていたかもしれません。

　辛いことは無いほうがいいのですが、でも、そこにもきっと意味があると思います。そこに、人の優しさがある限り、きっと辛い体験も輝くときが来ると信じています。不登校には一人一人の物語があり、私の体験したことがあまり参考にならない方もいると思います。そういう方は、ご自身の体験を大切に、物語に編んでいってほしいと思います。それでも、もし私の体験記が誰かのお役に立つことがあるようでしたら幸甚です。悩んでいる方や、苦しんでいる方が、希望を見出し、楽になっていかれることを心から祈っています。

参考文献 ————————————

・『トラウマと記憶―脳・身体に刻まれた過去からの回復』ピーター・ラヴィーン著　花丘ちぐさ訳　春秋社　2017年
・『ポリヴェーガル理論入門―心身に変革を起こす安全と絆』ステファン・ポージェス著　花丘ちぐさ訳　春秋社　2018年
・『レジリエンスを育む―ポリヴェーガル理論による発達性トラウマの治癒』ケイン＆テレール著　花丘ちぐさ訳　岩崎学術出版　2019年
・『その生きづらさ、発達性トラウマ？―ポリヴェーガル理論で考える解放のヒント』　花丘ちぐさ著　春秋社　2020年
・『セラピーのためのポリヴェーガル理論』デブ・デイナ著　花丘ちぐさ訳　春秋社　2021年
・『からだのためのポリヴェーガル理論』スタンレー・ローゼンバーグ著　花丘ちぐさ訳　春秋社　2021年
・『発達障害からニューロダイバーシティへ―ポリヴェーガル理論で解き明かす子どもの心と行動―』モナ・デラフーク著　花丘ちぐさ訳　春秋社　2022年
・『なぜ私は凍りついたのか？―ポリヴェーガル理論で読み解く性暴力と癒し―』　花丘ちぐさ編集　岩崎学術出版　2022年
・『ポリヴェーガル理論臨床応用大全―ポリヴェーガルインフォームド・セラピーの始まり―』ポージェス＆デイナ編　花丘ちぐさ訳　春秋社　2023年
・『わが国におけるポリヴェーガル理論の臨床応用―トラウマ臨床をはじめとした実践報告

　　書』花丘ちぐさ編著　岩崎学術出版　2023年
・Porges, S.W.（2004）. Neuroception：A subconscious system for detecting threats and safety. *Zero to Three*. 24（5）, 19-24.

・Porges, S. W.（2011）. *The polyvagal theory: Neurophysiological foundations of emotions, attachment, communication,* and self-regulation. New York：W.W.
・Norton& Company, Inc.
・Halloran, J.（2020）. *Coping Skills for Teens Workbook:* 60 *Helpful Ways to Deal with Stress, Anxiety and Anger.* Braintree, MA：Coping Skills for Kids/ Encourage Play, LLC.
・Marchetti, L（2015）. *Dragons & Daisies: Keys to Resolve Baffling Behavior in Early Childhood Education.* San Rafael, California. Rafael Books.

・Halloran, J.（2020）. *Coping Skills for Teens Workbook:* 60 *Helpful Ways to Deal with Stress, Anxiety and Anger.* Braintree, MA：Coping Skills for Kids/ Encourage Play, LLC.
・Marchetti, L（2015）. *Dragons & Daisies: Keys to Resolve Baffling Behavior in Early Childhood Education.* San Rafael, California. Rafael Books.

著者略歴

高山恵子 (たかやま　けいこ)

NPO 法人えじそんくらぶ代表。ハーティック研究所所長。臨床心理士。薬剤師。昭和大学薬学部兼任講師。特別支援教育士スーパーバイザー。昭和大学薬学部卒業後10年間学習塾経営。1997年アメリカ・トリニティー大学大学院教育学修士課程修了。1998年同大学院ガイダンスカウンセリング修士課程修了。帰国後、ADHD を中心に高機能の発達障害の当事者と家族のための会「えじそんくらぶ」を始める。ADHD 等の発達障害のある人のカウンセリングや教育を中心に家族支援、キャリア就労支援などを行う。セミナー講師としても活躍中。主な著書に、『自己理解力をアップ! 自分のよさを引き出す33のワーク』『やる気スイッチを ON!　実行機能をアップする37のワーク』、『2E 得意なこと苦手なことが極端なきみへ』（以上、合同出版）、『これならできる子育て支援! 保育者のためのペアレントサポートプログラム』（学研）、『発達障害の子どもに自立力をつける本』（講談社）などがある。

花丘ちぐさ (はなおか　ちぐさ)

ポリヴェーガル・インスティテュート・インターナショナル・パートナー、ソマティック・エクスペリエンシング®・ファカルティ。桜美林大学非常勤講師。早稲田大学教育学部国語国文学科卒業、桜美林大学大学院国際人文社会科学専攻博士課程修了。博士（学術）。公認心理師。著書に『なぜ私は凍りついたのか』（共編著、春秋社）、『わが国におけるポリヴェーガル理論の臨床応用』（編著、岩崎学術出版社）、訳書に Ｓ・Ｗ・ポージェス『ポリヴェーガル理論入門』（春秋社）、Ｄ・デイナ『セラピーのためのポリヴェーガル理論』（春秋社）、ポージェス＆デイナ『ポリヴェーガル理論 臨床応用大全』（春秋社）、Ｓ・ローゼンバーグ『からだのためのポリヴェーガル理論』（春秋社）、Ｍ・デラフーク『発達障害からニューロダイバーシティへ』（春秋社）、ケイン & テレール『レジリエンスを育む』（共訳、岩崎学術出版社）、などがある。

著者略歴

浅井咲子（あさい　さきこ）

公認心理師、神経自我統合アプローチ（NEIA）開発者。
外務省在外公館派遣員として在英日本国大使館に勤務後、米国ジョン・F・ケネディ大学院カウンセリング心理学修士課程修了。現在、セラピールーム「アート・オブ・セラピー」代表。トラウマによる後遺症を一人でも多くの人に解消してもらうべく多数の講演・講座をしている。著書に『今ここ神経系エクササイズ』、『いごこち神経系アプローチ』（梨の木舎 2017年 / 2021年）、『安心のタネの育て方』（大和出版2021年）他、翻訳書に P. ラヴィーン / M. クライン著『［新訳版］子どものトラウマ・セラピー』（国書刊行会）、K. ケイン / S. テレール著『レジリエンスを育む』（岩崎学術出版）〔共訳〕、J. フィッシャー著『トラウマによる解離からの回復』（国書刊行会）、同著『サバイバーとセラピストのためのトラウマ変容ワークブック』（岩崎学術出版社）などがある。

濱田純子（はまだ　じゅんこ）

公認心理師、臨床心理士、ソマティック・エクスペリエンシング® ・プラクティショナー Early Start Denver Model (ESDM) 認定セラピスト（カリフォルニア大学デイビス校 MIND institute 認定）。日本大学大学院修士課程修了。子ども家庭支援センター、療育施設等を経て、東京大学医学部附属病院こころの発達診療部に勤務。他に、こもれびクリニック、こころ発達クリニック新横浜で臨床を行い、発達障害を持つ乳幼児に対しての早期療育や、児童、思春期の子どもを対象に各種心理検査やトラウマ治療を含む心理療法を実践している。著書に『成人の発達障害の評価と診断』（共著、岩崎学術出版社）、『女性のこころの臨床を学ぶ・語る』（共著、金剛出版）、訳書に『子どものトラウマと攻撃性に向き合う』（共訳、岩崎学術出版社）、『治療共同体アプローチ』（共訳、岩崎学術出版社）がある。

こころの安全・安心をはぐくむ不登校支援

子どもの心をいやすポリヴェーガル理論に基づく

2023年12月8日　初版第1刷発行
2024年4月18日　初版第2刷発行

著　者――高山恵子　花丘ちぐさ　浅井咲子　濱田純子

発行者――鈴木宣昭

発行所――学事出版株式会社

〒101-0051　東京都千代田区神田神保町1-2-5
電話 03-3518-9655
https://www.gakuji.co.jp

編集担当　（株）大学図書出版
装丁　西野真理子　イラスト　児玉やすつぐ
印刷製本　精文堂印刷株式会社

ISBN978-4-7619-2983-1　C3037